GIACOMO BRUNO

PNL SEGRETA

Raggiungi l'Eccellenza con i Segreti dei Più Grandi Geni della Programmazione Neuro-Linguistica

Titolo

"PNL SEGRETA"

Autore

Giacomo Bruno

Editore

Bruno Editore

Sito internet

http://www.brunoeditore.it

Sommario

Introduzione

Parliamo di PNL, Programmazione Neuro-Linguistica. Magari avrai letto dei libri, forse seguito dei corsi, o visto dei videocorsi ed in qualche modo ti sarai fatto un'idea di cosa sia. Se stai leggendo questa guida è perché ti incuriosisce e ne vuoi approfondire la conoscenza, ed è per questo che ne vedremo le strutture fondanti e soprattutto gli effetti: cioè cosa la Programmazione Neuro-Linguistica può offrirti in concreto.

In questa guida imparerai tutto sulle strategie segrete di PNL e sul modellamento. Vedrai quello che Richard Bandler e John Grinder, i due fondatori della Programmazione Neuro-Linguistica, hanno studiato e messo in pratica negli ultimi 35 anni. I più grandi geni, comunicatori, terapeuti, leader, venditori e coloro che eccellono nel loro settore, sono stati studiati e modellati allo scopo di estrarre da loro le tecniche e le strategie che fanno la differenza.

Bandler e Grinder sono partiti con una domanda: "Qual è la differenza che fa la differenza?". Sono le piccole strategie, i piccoli processi mentali che ci consentono di avere una vita migliore e di qualità, di avere rapporti pieni ed efficaci e di gestire al meglio il nostro stato d'animo.

Diventerai tu stesso un eccellente Modellatore, individuando le persone di successo ed estraendo le loro strategie. In queste pagine prenderemo in particolare esame i tre pilastri della PNL, ovvero le strategie che possono aiutarti a crescere e migliorare ogni giorno, da un punto di vista sia personale che professionale.

Il primo consiste nella Comunicazione, cioè come rendere efficace il tuo modo di comunicare, come entrare in sintonia con le altre persone, chiunque esse siano, affinché tu possa entrare veramente in "rapport" con gli altri.

Il secondo pilastro, ovvero la Motivazione, ti serve per imparare a motivarti, ad avere degli obiettivi efficaci che ti facciano svegliare la mattina veramente con grande carica ed energia.

Infine l'ultimo pilastro, l'Autostima, è utile per accrescere la considerazione che hai di te, per cambiare e migliorare le convinzioni sul tuo conto.

Questi tre aspetti fondamentali, in sinergia tra loro, ti possono aiutare a cambiare per sempre, a spezzare le convinzioni limitanti e trasformarle in convinzioni potenzianti, quindi a fornirti maggiore forza, maggiore coraggio per affrontare la vita e farti sentire bene e a tuo agio con chi ti circonda.

Questo libro è ricco non solo di teorie ma anche di utilissimi esercizi, quindi ti consiglio di seguirlo con la massima attenzione.

Buon lavoro!

Giacomo Bruno

Giorno 1: PNL

Volendone dare una definizione, la PNL è la disciplina dell'eccellenza umana, cioè uno strumento che mira a portarti all'eccellenza. Quindi l'obiettivo è molto impegnativo e le promesse altrettanto ambiziose. A differenza di quanto ritengono gli scettici della PNL, questo percorso funziona, ma non perché ci siano miliardi di studi dietro o perché questa sia una scienza esatta; anzi va precisato che non si tratta affatto di una scienza, ma di pura pratica. Funziona perché la PNL è per definizione ciò che funziona.

SEGRETO n. 1: la PNL è lo studio dell'eccellenza umana e funziona per definizione.

Ti mostrerò in che modo i fondatori, Richard Bandler e John Grinder vedono, scoprono e imparano cose nuove: loro stessi sono diventati bravi terapeuti semplicemente osservando, stando a contatto con personaggi eccellenti nel campo della terapia, nello stesso modo in cui i bambini imparano a parlare e a camminare seguendo attentamente gli atteggiamenti di chi li circonda, siano adulti o bambini; ed è così che crescono, che diventano uomini.

La storia narra che ai tempi dell'università Richard Bandler venne incaricato di trascrivere il contenuto di alcune sedute di terapia di Fritz Perls, uno dei protagonisti nel campo della terapia durante gli anni '70.

Il riportare i pensieri e i discorsi di Perls lo costringeva ad uno stretto contatto con questo grande personaggio, tanto che si trovò ad aver assorbito le sue strategie; ma questo non perché lo avesse voluto razionalmente. Avvenne spontaneamente: si tratta del cosiddetto *"modellamento"*, nel quale io ho il modello, che in questo caso è il terapeuta, e trovandomi a lavorare assieme a lui, io apprendo le sue convinzioni, il suo modo di parlare, di comunicare, e in sintesi il suo modo di fare terapia.

SEGRETO n. 2: il nucleo della PNL è il Modellamento, la capacità di osservare gli altri e trarne dei modelli che funzionano.

Tra i professori dell'ateneo di cui Bandler era studente, vi era John Grinder, titolare della cattedra di linguistica, la scienza che studia il linguaggio, il significato delle parole, il modo in cui vanno collegate fra loro per dare un significato compiuto alla frase. Bandler, trovandosi a possedere queste nuove capacità acquisite dalla consuetudine con Perls, ma non sapendo come gestirle efficacemente, gli chiese sostegno per razionalizzare cosa stesse facendo fin nel dettaglio, affinché non fossero più strategie inconsce, ma reali e fondate strategie, ed affinché potesse servirsene coerentemente. Voleva capire come fosse diventato così bravo e capace pur non avendo grandi nozioni di psicologia, a causa del semplice contatto con Perls, tanto da ottenere i suoi stessi risultati.

John Grinder decise di aiutarlo o, come dicono alcuni storici della PNL, fu lui il primo ad interessarsi al lavoro di Bandler. In ogni caso, da esperto di linguaggio, studiò esattamente le forme linguistiche di Bandler, e ne trassero insieme dei modelli che poi sarebbero divenuti i pilastri della Programmazione Neuro-Linguistica. Difatti la parte linguistica, e quindi il modo in cui il linguaggio influenza le neuro-associazioni, è di fondamentale importanza.

Le neuro-associazioni definiscono il nostro modo di ragionare, il come noi colleghiamo gli stimoli alle risposte, e quindi, potremmo dire, il modo in cui siamo "programmati"; ed è per questo che i nostri comportamenti ciclicamente si riproducono. Ad esempio, perché se qualcuno ci tratta scortesemente noi ci innervosiamo? E' semplice: accade perché abbiamo degli schemi dentro di noi.

Tuttavia il termine "programmazione" non è riuscitissimo, perché potrebbe far pensare che tramite la PNL si sia in grado di programmare il cervello altrui. Il motivo del suo utilizzo deriva dal fatto che uno dei fondatori, Bandler, fosse un appassionato di informatica e quindi adottò questa metafora considerando il cervello umano alla stregua di un elaboratore, per poter spiegare una serie di meccanismi.

Quindi, secondo la teoria di Bandler, il nostro comportamento, pertanto l'insieme degli atteggiamenti che lo compongono, è dettato da un "programma" che abbiamo in noi, che, come tale, può essere cambiato.

Altri esperti preferiscono definire la PNL come il libretto di istruzioni del cervello, proprio perché ci permette di eseguire cambiamenti, di motivarci, di sentirci più sicuri e di comprendere il funzionamento della nostra mente. Di fatto, attraverso i loro studi impostati sull'osservazione di altri terapeuti eccellenti (come Milton Erickson, grande ipnoteraputa, o Virginia Satir, terapeuta della famiglia), loro scoprono una serie di meccanismi inconsci che i curanti stessi non sapevano di mettere in atto durante le loro sedute. Certo, erano consapevoli di eccellere, ma non si rendevano conto del *come*.

Per capire questo assunto basta che pensi alla tua vita di ogni giorno: sai fare molte cose, ed anzi ci sono delle cose in cui sei particolarmente bravo, nel tuo lavoro, all'università, o altrove: ma sei consapevole del *come*? Del tuo modo di essere bravo? Sapresti spiegare a qualcuno come raggiungere lo stesso tuo risultato nel campo in cui eccelli? Non sempre.

Io ad esempio mi sono accorto, quando ho conosciuto la PNL, di essere bravo in molte cose: infatti la PNL ti dà, come prima cosa, la consapevolezza dei tuoi punti di forza. Ma soprattutto sono riuscito a capire come, in che modo fossi così bravo a fare quello che facevo.

Nel caso della redazione del mio libro "Seduzione" ho dovuto interrogare me stesso, sono andato a analizzare le mie esperienze per capire cosa mi rendeva più bravo di altri nell'approcciare una ragazza: le mie strategie, delle quali non ero assolutamente consapevole.

La PNL mi ha aiutato a razionalizzare le mie tecniche, tanto da poterle poi trasmettere ad altri. A questo proposito una delle domande che si erano posti i due fondatori era la seguente: "Come mai Milton Erickson che è bravissimo, il migliore nel suo campo, è in grado di trasmettere agli altri il suo sapere ma non la sua capacità?".

La risposta è evidente: Erickson era in grado di trasmettere ciò che sapeva, ma non ciò di cui non era consapevole, come ad esempio le sue più intime strategie, o l'idea che la convinzione che si ha su un dato cliente porti poi ad un dato risultato.

Io ho potuto prendere visione solo di alcuni video di Erickson al lavoro, essendo egli morto già da diversi anni. Vi è una sua seduta che riesce a rappresentarlo fedelmente come terapeuta: si trova a parlare con una signora sui 40 anni in cura per una forma depressiva, e si può notare come lui sia in grado di aiutarla solo parlandole.

Il segreto è nel modo in cui ascolta: è tutto immerso nella conversazione, pur servendosi di strumenti linguistici particolari; si tratta di comandi nascosti, suggestioni, domande rievocative che sono poi stati cristallizzati nel cosiddetto Milton Model.

Se ti è capitato di leggere qualche testo sull'argomento, come ad esempio il mio libro Seduzione, sarai già venuto a conoscenza di queste tecniche verbali che rappresentano il modello linguistico di Erickson. Tuttavia se segui i video delle sedute tenute con altri pazienti, ti accorgi che, pur utilizzando sempre il Milton Model, il suo atteggiamento cambia completamente, si modella sul nuovo interlocutore, e forse è proprio questo che fa la differenza rispetto ad altri terapeuti.

A distinguerlo non è tanto il suo comportamento o il linguaggio usato, ma la convinzione che in quel dato momento il suo cliente o la sua cliente, sia la persona più importante del mondo, e quanto gli sta raccontando di sé è quanto di più importante ci possa essere per lui. Non esiste altro: non l'ipnosi, la PNL, o le altre persone, solo il suo interlocutore e ciò che sta comunicando, ed Erickson è sinceramente interessato.

Ancora oggi Bandler, durante i suoi corsi, parlando della Programmazione Neuro-Linguistica, afferma: "la PNL non è un insieme di strategie, come pensa la maggior parte delle persone e come la maggior parte dei trainer oggi sparsi nel mondo insegna, ma piuttosto un'attitudine, un atteggiamento mentale di curiosità, di apertura nei confronti del mondo, nei confronti degli altri, di fiducia, di comprensione".

Quando tengo corsi di Persuasione io insegno il Milton Model ed altri modelli linguistici per ottenere dei risultati, ma avverto sempre: "se stai vendendo un prodotto, e per farlo efficacemente usi questi modelli linguistici, ma nel tuo intimo non sei convinto né della sua bontà, né dell'opportunità di venderlo a quella data persona, è certo che i modelli non funzioneranno.

Difatti nel rapportarti con gli altri trasmetti le tue convinzioni sul prodotto, come ad esempio l'idea che non sia adatto a chi ti stai rivolgendo, e per questo non riuscirai a venderlo. Se anche tu ci riuscissi, perché sei particolarmente bravo, cosa accadrà? Che il compratore dopo un po' di tempo si accorgerà di esser stato ingannato e non tornerà più, per di più ti farà cattiva pubblicità e tutti i tuoi sforzi saranno stati completamente vani". Quindi l'atteggiamento è importantissimo.

E' poi necessario distinguere l'atteggiamento di cui stiamo parlando da ciò che si definisce "pensiero positivo"; è un concetto, questo, che sostanzialmente significa: "va tutto bene, il bicchiere è sempre mezzo pieno…". Ciò va bene alcune volte, ma non sempre, ed è anche necessario essere realistici: difatti, se ho un problema, è inutile non volerlo riconoscere per quello che è e di conseguenza non etichettarlo come tale.

Attraverso la PNL, che ti porta a concentrarti non sul problema stesso ma sulla sua soluzione, semplicemente lo definisci con il suo nome, impari a gestire il tuo stato d'animo, e riesci ad affrontarlo.

In sostanza in questi casi la PNL ti porta a dire: "se in questo momento un dato aspetto della mia vita va bene, io sono contento, capisco di esserci arrivato attraverso le strategie che ho imparato, e so di poterle insegnare ad altri per aiutarli a mia volta. Al contrario, se un dato aspetto non va bene, non faccio finta di nulla, ma anzi affronto l'impedimento, lo studio e trovo una soluzione. Se so di adottare una strategia sbagliata, la cambio e ne provo un'altra finché non funziona".

Quindi il modo di guardare positivo della PNL è porsi con queste curiosità, con atteggiamento di apertura nei confronti delle difficoltà, ed avere il coraggio di affrontarle come sfide.

Un altro punto importante da prendere in considerazione è il seguente: sui libri o nei corsi di PNL spesso si sente dire di non usare il perché, ma piuttosto il come. Questo può esser giusto perché se, posto di fronte ad un problema, comincio a chiedermi: "Perché quella ragazza mi ha lasciato? Cosa ho fatto di sbagliato? Perché proprio a me? Perché sono così sfortunato?", mi candido a non uscirne più, e il cervello mi può rispondere in un solo modo: "perché sei un idiota!".

Sappi che il perché, proprio perché consiste in un approfondimento, acuisce uno stato d'animo negativo, e quindi tende a farti stare ancora peggio. Se stai male, se hai una cattiva predisposizione d'animo, difficilmente riuscirai ad affrontare il tuo problema e rimarrai chiuso.

La PNL preferisce chiedersi come, e porsi in maniera reattiva: ho un problema, lo vedo e non faccio finta di nulla, piuttosto mi chiedo come affrontarlo e superarlo: "se la mia ragazza mi ha lasciato, come posso fare? Quali strategie posso adottare per non passare più attraverso un'esperienza tanto spiacevole? Come posso fare per trovare una persona più adatta a me? Come posso fare per trovare un equilibrio emotivo anche senza di lei?", in questo caso il cervello mi darà risposte intelligenti, tipo: "scava dentro di te, chiarisci i tuoi obiettivi, riscopri i tuoi valori".

SEGRETO n. 3: la PNL si focalizza sul "come" più che sul "perché", sull'atteggiamento più che sulle tecniche.

La diffusione della PNL nel mondo si deve al grandissimo formatore motivazionale Anthony Robbins. Durante i suoi corsi, che richiamano fino a 10.000 persone alla volta, fa fare cose strane, come ad esempio camminare sui carboni ardenti, ed altre prove speciali.

E' stato, come me, allievo diretto di Bandler e Grinder, ha scritto una serie di libri e prodotto una quantità di audiocorsi, ottenendo un grandissimo successo. Tuttavia, pur essendo uno dei più importanti fautori della PNL, oggi preferisce definirla in modo diverso, CNA, ovvero Condizionamento Neuro-Associativo. Questo sia per motivi di marketing, sia in seguito ad un evento capitatogli durante uno dei suoi corsi, ed è lui stesso a raccontarcelo: "un giorno, al termine di una sessione di corso, mi avvicina una persona e mi dice: 'tu hai fallito.' 'Io, Anthony Robbins ho fallito? In che senso, spiegami', 'ti ricordi di me?' 'Sì, tu hai fatto con me una sessione di coaching personale per farti smettere di fumare' 'esatto, ed ora ho ripreso a fumare, quindi *tu mi hai programmato male!*' e Robbins sconvolto: 'io ti ho programmato male?' 'Sì io ho smesso di fumare per due anni, in seguito però ho avuto una serie di eventi spiacevoli ed ho ripreso a fumare'. Robbins resta sinceramente impressionato da questo accadimento, tanto da convincersi che il termine "programmazione" non sia adatto, in quanto, come egli stesso afferma: "non sono io a programmare le persone, la responsabilità è condivisa tra me e loro".

Cosa vuol dire questo? Significa che Robbins, nel suo ruolo di coach, una sorta di consulente personale, può dare strumenti, motivazione ed atteggiamento mentale, ma sta poi all'allievo mettere in pratica gli insegnamenti ricevuti, fare esercizi, mantenere alta la motivazione. In sostanza il coach non è che il corrispettivo di un allenatore di calcio. Cosa fa? Offre ai suoi giocatori delle strategie, dà loro motivazione, carica, tutto quanto ha da trasferire come allenatore, poi sta al giocatore stesso seguire i suoi sistemi, passare la palla quando deve, e fare goal. Se la squadra non vince, la responsabilità dell'insuccesso è condivisa tra l'allenatore e la squadra. Tramite il CNA, Robbins si prefigge di creare nel cliente nuove associazioni mentali e di condizionarlo a seguirle: starà poi a lui/lei autocondizionarsi nel tempo, e mettere in pratica le strategie imparate.

Ciò che vorrei trasmetterti attraverso questa guida è la capacità di comprendere le tue strategie di eccellenza ed un dato atteggiamento mentale, che poi è il fondamento di tutto. Se avrai l'opportunità di guardare i video di Erickson o di Bandler durante le loro sedute potrai saggiare la differenza tra il consultare un libro e la vera essenza della PNL.

Io cercherò di passarti la mia esperienza maturata a diretto con contatto con Bandler, Grinder, Robbins e Dilts (altro grande diffusore della PNL) e quanto più possibile di quello che ho appreso da loro. Sono uno dei pochi trainer in Italia con licenza ufficiale, ed ho la possibilità di certificare il Practitioner ed il Master, i primi due livelli di specializzazione in PNL. C'è poi il grado superiore di PNL, il Trainer, che viene certificato esclusivamente da uno dei fondatori, Richard Bandler, in America (quindi occorre andare ad Orlando, in Florida, come ho fatto io). Questo è il percorso di certificazione della Society of NLP per tenere alta la qualità degli insegnanti e fare in modo che i trainer siano veramente di eccezionale livello.

Insegnare la PNL non è un compito facile, anche perché si coinvolgono le persone a livello molto profondo e in settori universalmente importanti per la vita di ognuno di noi. Fondamentalmente sono 3:

1. Comunicazione
2. Motivazione
3. Autostima

SEGRETO n. 4: la PNL ti offre strumenti concreti per migliorare la tua comunicazione, motivazione e autostima.

La conoscenza delle strategie che si riferiscono alla *Comunicazione* ti permette di comunicare meglio e più efficacemente con chi ti circonda, ad imparare a dare maggiore comprensione agli altri considerando l'unicità di ogni persona.

Al mondo siamo tutti diversi ed ognuno ha la sua verità soggettiva. Per questo motivo si rivela inutile litigare, perché se una cosa è vera per me può non essere vera per un'altra persona, quindi è inutile accanirsi per comunicargli la mia visione delle cose: la sua sarà necessariamente diversa in quanto ha difformi esperienze e convinzioni.

Il secondo pilastro riguarda l'incentivazione della *Motivazione*, l'imparare a sentirti motivato quando vuoi poiché dipende solo da te e dai tuoi obiettivi.

In PNL riteniamo che la gestione del proprio stato d'animo sia unica e sola nostra responsabilità. Perciò, se vengo trattato con poca gentilezza da qualcuno, non per questo dovrò necessariamente sentirmi male; se non vendo un prodotto non devo immancabilmente pensare che il cliente sia sciocco. Interrompiamo questi programmi, questi schemi che abbiamo dentro di noi. Io devo essere in grado di gestire i miei stati d'animo: mi innervosisco solo se decido di farlo, mi arrabbio se lo voglio e se mi è utile. Ovviamente questo non significa divenire automi, non vuol dire annullare le emozioni negative. Difatti non basta dire: "da oggi non mi arrabbio più", per dare sicuramente seguito a questa intenzione. A questo proposito giunge calzante un esempio raccontatomi da Bandler. Un giorno un cliente lo avvicinò e disse: "Io non ne posso più, sono una persona che ha troppa rabbia dentro, voglio eliminare la rabbia dalla mia vita"; e Bandler che è molto spiritoso e ironico, dice: "guarda, se vuoi ti sparo, così non sentirai più la rabbia!". Non puoi pensare di eliminare completamente il sentimento della rabbia dalla tua vita, perché poi rischieresti di sentirti bloccato di fronte agli altrui soprusi. La rabbia quindi non va eliminata, in alcuni casi, infatti, può essere utile, bisogna invece imparare a gestirla ed indirizzarla nel giusto modo, a controllarla.

Il terzo pilastro è l'*Autostima*. Nella gestione dell'autostima bisogna fare più che mai leva sul discorso delle convinzioni, cioè sulle idee che abbiamo sugli altri, sul mondo, su noi stessi e che determinano il nostro modo di fare e di comportarci. Ad esempio c'è chi è convinto di essere timido e insicuro, o al contrario chi si crede il più bello del mondo.

Ecco in sintesi i tre settori cardine della PNL, sui quali andremo a lavorare nella prima parte di questa guida: il mio obiettivo è quello di offrirti idee, spunti e anche tecniche molto efficaci.

Io voglio darti il massimo, fornendoti il più possibile strumenti per metterti in condizione di poter approfondire anche da solo, ovvero perché siano un'ottima base se vorrai continuare a formarti con noi o con altre aziende. Oppure potrai scegliere di fare come me, che, per passione nei confronti della PNL e della comunicazione, ho letto 1.000 libri in 4 anni.

Certo io non affrontavo con la stessa spinta emotiva la lettura dei libri di PNL e i libri della facoltà di ingegneria, in cui mi sono laureato: tuttavia l'atteggiamento mentale di base è simile. L'ingegneria vuole razionalizzare, schematizzare, trovare meccanismi, così come anche la PNL. Cambia l'argomento di studio che non è un circuito elettronico ma la mente umana.

In realtà la PNL non intende razionalizzare troppo le emozioni e si propone unicamente di ottenere un maggior controllo e consapevolezza delle stesse. Grazie alla PNL infatti, molte mie convinzioni negative si sono dissolte nel nulla. Molti mi chiedono come fossi prima di conoscere la PNL: ero molto diverso e certo non mi sarei mai sognato di venire a fare formazione, né di scrivere un libro sulla seduzione, di fare videocorsi o di trovarmi a fare lezione di fronte ad un pubblico.

Una prova molto impegnativa nel mio percorso, ad esempio, è stato andare a fare il corso per trainer da Bandler in America. Vi erano 150 trainer internazionali, e l'ansia era molta, tanto che se non si fosse stati veramente forti, e non si fossero applicate efficacemente le strategie di PNL, non si sarebbe riusciti ad affrontarla. In realtà Bandler stesso vuole questo, vuole metterti in una difficoltà tale che si riesce a superarla e ad andare avanti solo se realmente preparati. Questo è il programma di qualità e selezione. A sentirlo raccontare può sembrare un percorso abbastanza semplice: si segue il practitioner, il master, ci si certifica, poi si va in America per seguire il corso conclusivo e…sono trainer. NO. Non funziona così, sarebbe troppo facile.

I pochi che mando da Bandler per la certificazione sono persone che non solo conosco perché ho visto già per almeno 14 giornate, ma alle quali ho anche dato, tra un corso e l'altro, moltissimi libri da leggere e che magari hanno avuto voglia di approfondire ulteriormente e mi hanno chiesto consiglio su altri trainer da seguire. In questi casi io consiglio sempre di andare, perché possono offrire nuovi punti di vista, ed in PNL più esperienza si acquista e meglio è.

Ti racconto questo non per affermare la mia autorevolezza, ma per trasmetterti una delle idee più importanti in PNL: che ogni persona ha un suo modo di vedere le cose, ed anche io stesso ti sto fornendo informazioni filtrate attraverso la mia soggettività e le mie esperienze. Così, ad esempio per me può aver avuto un certo valore essere andato negli Stati Uniti; per un altro potrebbe non essere così. Questa è una delle cose più importanti da imparare sulla comunicazione e nel prossimo capitolo te lo spiego nei dettagli e ti mostro come capire e farti capire meglio dagli altri.

RIEPILOGO DEL GIORNO 1:

- SEGRETO n. 1: la PNL è lo studio dell'eccellenza umana e funziona per definizione.
- SEGRETO n. 2: il nucleo della PNL è il Modellamento, la capacità di osservare gli altri e trarne dei modelli che funzionano.
- SEGRETO n. 3: la PNL si focalizza sul "come" più che sul "perché", sull'atteggiamento più che sulle tecniche.
- SEGRETO n. 4: la PNL ti offre strumenti concreti per migliorare la tua comunicazione, motivazione e autostima.

Giorno 2: Comunicazione

Abbiamo detto che il primo pilastro della PNL è la Comunicazione, che ci fornisce le giuste strategie per esprimerci efficacemente. La PNL e un po' tutte le teorie di comunicazione degli ultimi 50 anni affermano che il successo della comunicazione si manifesta nel risultato che la stessa sortisce, quindi non è di per sé racchiuso nell'intenzione. Te lo ripeto: l'efficacia della comunicazione è data dal risultato e non dall'intenzione.

SEGRETO n. 5: il risultato della comunicazione è più importante dell'intenzione.

Per fare un esempio pratico: se io ho intenzione di motivare mia moglie a conseguire un qualcosa, ma nel farlo mi arrabbio e la offendo, non serve che io le spieghi che il mio obiettivo era motivarla; certo l'intenzione era buona, ma di fatto l'ho offesa. Chi dei due ha sbagliato? Lei che non sa gestire il suo stato d'animo e che si offende, o io che non ho saputo comunicare nel giusto modo? La responsabilità dell'errore è mia, in quanto la comunicazione è partita da me, il messaggio è mio, e, avendo ottenuto di offenderla e non di motivarla, è chiaro che la mia comunicazione non è stata efficace.

Attenzione al concetto di efficacia, perché lo ritroveremo sempre. La PNL infatti non ha come metro di giudizio la *verità*, ma l'*efficacia* della strategia posta in atto: questa funziona o non funziona.

SEGRETO n. 6: la PNL ha come metro di giudizio non la verità ma l'efficacia.

Ciò che rende grandi i leader è l'efficacia delle loro strategia, del loro atteggiamento mentale, ed è proprio questo che insegno nel corso di Leadership. Queste tecniche funzionano in quanto mutuate dal vissuto di alcune persone, non si tratta di teorie campate in aria.

Quindi l'intenzione, per quanto possa essere positiva, ha poco valore. Puoi avere le migliori intenzioni del mondo, ma se per insegnare ad un figlio che deve comportarsi in un dato modo lo schiaffeggi, il risultato sarà solo che il bambino vedrà un padre aggressivo.

Quando vado a fare corsi in azienda faccio lo stesso discorso: molti capi sono abituati a comunicare con le punizioni, riprendendo i dipendenti tutte le volte che sbagliano. Tuttavia è molto più efficace, al fine di migliorare la produttività aziendale, il lodarli quando va tutto bene. In entrambi i casi si crea un'associazione mentale. La prima è "sbagli, quindi paghi"; la seconda è "fai bene, quindi prendi un premio".

Entrambe le associazioni portano il cervello a far lavorare la persona in un certo modo: ciò che cambia è poi il rapporto con chi ti ha fatto la critica o la lode. Se qualcuno è aggressivo con te lo asseconderai fin quando è lì a controllarti, e poi non più. Al contrario, se una persona ti premia ogni qualvolta fai bene, sarai felice di impegnarti, ed in più adorerai quella persona.

Io penso di essere cresciuto bene da questo punto di vista perché ho sempre avuto attorno a me persone che mi lodavano quando mi comportavo bene, invogliandomi quindi a continuare su quella strada, piuttosto che essere punito se facevo qualche sciocchezza. Bisogna sempre aver riguardo al risultato: il metodo è efficace, funziona? Ho ottenuto quello che volevo? Allora si conferma come valido.

Se nella mia strategia di vendita mi comporto con etica, quindi so che il prodotto è buono ed adatto per la persona cui lo sto vendendo, è giusto che io usi tutte le tecniche di comunicazione che conosco e quasi certamente avrò successo. Se, al contrario, non mi comporto con etica e quindi, pur non essendo convinto della bontà del prodotto e della sua idoneità nei confronti del possibile acquirente, tenterò ugualmente di venderglielo, mi troverò ad usare le parole sbagliate e quasi certamente non concluderò l'affare.

In tutto questo c'è un aspetto molto interessante, quello dell'assunzione di responsabilità da parte tua circa il tipo di messaggio che trasmetti. Se, ad esempio, stai litigando con qualcuno che ti ha offeso e sei convintissimo che abbia torto, più che chiederti perché ti sta offendendo, sarebbe più proficuo che ti chiedessi come puoi trasmettere più efficacemente il tuo messaggio e quindi evitare che si produca quel tipo di reazione.

Quindi ricordati che il come è più efficace del perché, infatti il perché approfondisce un problema e ti fa stare ancora peggio, il come, al contrario, ti libera dall'incertezza e ti orienta verso la soluzione.

Tuttavia non bisogna, come fa qualche trainer, estremizzare questo concetto insegnando che i perché vanno aboliti del tutto, poiché di fronte ad una situazione positiva il perché serve, ed anzi è fondamentale. Se qualcuno ti dice: "ti amo" e tu rispondi: "perché?" vai ad approfondire il suo stato di amore, un atteggiamento che si rivela strategico, poiché porti la persona in questione a dire a te e contemporaneamente a se stessa i motivi per i quali ti ama, e questo atteggiamento non potrà che approfondire e moltiplicare le sensazioni piacevoli.

In PNL non esistono regole troncanti come: "il perché non si usa mai", o "elimina il ma ed il però, perché queste espressioni creano inevitabilmente avversione"; secondo la PNL ci sono momenti e momenti per utilizzare alcune parole con maggiore o minore efficacia. L'importante è comunicare con la consapevolezza delle parole che si usano, ricordandosi che è il risultato ottenuto quello che conta.

A fronte di assumersi la responsabilità della mia comunicazione, quale sarà il mio vantaggio? Il potere di determinare l'andamento della comunicazione stessa, attraverso la mia strategia.

SEGRETO n. 7: se ti assumi la responsabilità della comunicazione, hai il potere di ottenere il risultato che desideri.

Se quando un rapporto non funziona o non riesco a chiudere una vendita, sono portato a pensare che il problema sia nel mio interlocutore, allora non posso fare più nulla e sto sbagliando; in realtà il problema è in me che, avendo comunicato per primo, l'ho fatto poco efficacemente. Che fare a questo punto? Non resto inerte ma provo in modo diverso con l'idea stavolta di avere successo.

Quindi te lo ripeto: da un lato assumersi la responsabilità della tua comunicazione è un bel peso, ma dall'altro ti dà il potere di modificare la tua comunicazione fino ad ottenere il risultato che desideri. E' tutto nelle tue mani.

Pensa ai tempi della scuola: sia io che te abbiamo avuto degli insegnanti che quando spiegavano, se nessuno capiva, concludevano con la tipica frase: "ragazzi, non siete stati sufficientemente attenti, per questo non avete capito, ed io non ho intenzione di perdere tempo prezioso a rispiegare!".

Trovi che questo sia un buon atteggiamento alla luce di quanto abbiamo detto? Assolutamente no. Se un'intera scolaresca non afferra i concetti è chiaro che il problema è nell'insegnante che non sa trasmetterli. Anche a me può capitare di non comunicare efficacemente o di essere frainteso; mi capita delle volte in caso di scambio di mail, nelle quali non si può contare sull'aiuto degli strumenti di comunicazione non verbale o paraverbale, ma ci si deve basare unicamente sul contenuto.

Esemplare in questo senso è stato il caso di un invito rivolto ad una persona per seguire una giornata di un mio corso, alla quale scrissi: "vieni, così potrai farti un'idea di cosa sia la PNL", mi rispose: "no, non posso, non ho moltissimi soldi e li vorrei investire in un altro tipo di corso". Ci fu ovviamente un fraintendimento: da parte mia si trattava di un invito omaggio, non l'avevo specificato, avevo parlato solamente di "invito", ma lo consideravo sottinteso.

Non ci rimasi male ma meditai su come comunicare meglio la prossima volta per evitare equivoci. La maggior parte delle persone, purtroppo, in seguito ad un errore di comunicazione, tende ad allontanarsi: "ah non mi hai capito? Allora non ho alcun interesse a chiarire, né a spiegarmi meglio o a chiedere spiegazioni".

In PNL invece ci si vuole avvicinare, si vuole creare sintonia. In questa guida scoprirai tecniche adatte a creare sintonia, come ad esempio il ricalco. Sicuramente ti sarà già capitato di trovarti particolarmente a tuo agio con qualcuno, di conoscere qualcuno che "a pelle" ti è simpatico. Razionalmente non sapresti dire il perché, non conosci la strategia che tu e lui avete utilizzato per raggiungere questo obiettivo; infatti, come si diceva, la maggior parte delle strategie sottese ai nostri comportamenti sono inconsce. A ben pensare sarebbe davvero utile e comodo conoscere la tecnica che serve a creare sintonia istantanea, perché se ti è nota disponi della facoltà di usarla con tutti, anche con quello che di primo acchito ti è antipatico.

L'analisi della comunicazione è stata importantissima per Bandler e Grinder, tanto che fu il primo pilastro ad essere enucleato, inizialmente partendo dal campo della terapia, poi diffondendosi in tutti i settori. Studiarono i profili dei più grandi comunicatori, dei persuasori più capaci.

Robert Dilts, fertilissimo autore, pose mente allo studio delle personalità di alcuni personaggi storici come ad esempio Gandhi, Gesù, Hitler, cercando di capire quali fossero gli strumenti linguistici tramite i quali avevano raggiunto tanto efficacemente i propri obiettivi. Benché il confronto possa sembrare blasfemo, egli si chiese come Gesù di Nazareth fosse riuscito a convincere tutto un popolo di essere il figlio di Dio, e come Hitler avesse potuto inculcare ai tedeschi l'idea di essere la "razza eletta". Se ancora oggi provi ad ascoltare le dichiarazioni degli ultimi generali - ancora sotto processo benché novantenni - li senti affermare che agivano con tanta crudeltà non solo per rispondere a degli ordini, ma perché loro stessi erano profondamente convinti di essere nel giusto.

Sarebbe interessante conoscere a fondo e possedere questi strumenti linguistici per poterli usare anche a scopo difensivo. Ma la comunicazione efficace non è solo questo. Molteplici studi di comunicazione affermano da anni che si può comunicare su tre livelli: verbale, paraverbale e non verbale.

SEGRETO n. 8: la comunicazione si svolge su 3 livelli: Verbale (i contenuti), Paraverbale (la voce), Non Verbale (il linguaggio del corpo).

Del livello verbale, cioè ciò che esprimi a parole, i contenuti, hai esperienza quotidiana. Nel tuo percorso scolastico ti hanno certamente insegnato che i contenuti sono tutto, che rappresentano il 100% della comunicazione. Hai assimilato nozioni di storia, geografia, matematica od altro.

Peccato però che nessuno ti ha mai preparato a comunicare efficacemente, o a saper parlare in pubblico. Forse non hai mai riflettuto sul fatto che durante un'interrogazione, mentre parli ad un'insegnante e ad una scolaresca, stai di fatto parlando in pubblico e tutto questo senza che qualcuno ti abbia mai fornito una base circa il come curare la forma, si è dato rilievo sempre e solo ai contenuti.

E, cosa del tutto contraddittoria, ricordi chi poi veniva premiato? Non chi studiava i contenuti, ma chi li sapeva esporre meglio. Io, ad esempio, ero un ragazzo studioso ma piuttosto timido, per cui andavo male durante le interrogazioni orali mentre ero bravissimo negli scritti.

Questo trend è proseguito anche all'università durante i primi anni di frequenza, e ad ingegneria per tutti gli esami va sostenuto sia lo scritto che l'orale. L'esito dello scritto era sempre lusinghiero, arrivavo a conseguire voti molto alti, 27, 28, 29, addirittura 30, mentre durante l'interrogazione orale spesso il 29 diventava 22, il 30 diventava 23, addirittura una volta venni bocciato partendo da 28. Quale era il problema? Mi mancava probabilmente la sicurezza nell'esposizione. In più mentre a scuola campavo di rendita, poiché mi conoscevano come lo

studente modello, che si applicava ma che, essendo un po'
timido, all'orale si bruciava un po' di voti, questo non valeva
all'università dove nessuno fra coloro che ti valutano ti conosce.
Durante gli anni della scuola, nell'immaginario dei miei
professori ero uno che valeva, per questo l'intervallo dei miei voti
era compreso tra il 6 ed il 9, al contrario di un mio compagno di
classe, non altrettanto studioso, che a seconda se si impegnasse o
meno passava dal 3 ad un massimo di 6 più.

Di fatto, quindi, le convinzioni che l'insegnante ha su di te,
determinano il tuo andamento scolastico. Imparare a comunicare
bene è importantissimo: come ti ho detto, ogni volta che
affrontavo l'orale, con l'insegnante lì pronta a giudicarti ed i
compagni tesi ad ascoltarti, io mi trovavo in difficoltà, la mia
voce era diversa, tremolava, ed assumevo una serie di
atteggiamenti che certo non esprimevano sicurezza.
Iniziai a prendere contatto con la PNL e in particolare con le
tecniche di apprendimento sin dall'età di 13 anni, poiché, in
seguito ad una dimostrazione che alcuni docenti fecero nella mia
classe, decisi di seguire un corso per approfondirne la
conoscenza. Le capacità acquisite mi permisero di andar bene a

scuola e poi all'università, soprattutto nello scritto. Nell'ambiente universitario, poi, come dicevo, nessuno mi conosceva, né quindi possedeva elementi per credere che la mia insicurezza fosse dovuta a timidezza e non a mancanza di impegno.

Un mio collega di università, che certamente si impegnava assai meno di me, rendeva molto di più all'esame, perché, pur non sapendo molto, si esprimeva con molta sicurezza e riusciva sempre ad aumentare la sua votazione di parecchi punti.

C'era una costante, una strategia sottesa all'atteggiamento mio e del mio collega, la sua giusta e la mia errata: il mio paraverbale e il mio non verbale facevano crollare i contenuti che pure avevo studiato. Lui, invece, grazie alla sua baldanza raggiungeva il massimo risultato con il minimo sforzo. Tutto questo continuò ad accadere fino a che non incontrai nuovamente la PNL e gli studi sulla comunicazione efficace, ad un anno circa dalla laurea, per cui gli ultimi esami furono una passeggiata. Ricordo che ero talmente preso dal mettere in pratica le tecniche di PNL con il professore di turno da non badare più ai contenuti. Insomma mi divertivo, ed era bello far poi notare ai colleghi universitari come riuscissi a raggiungere ottimi risultati con poca fatica.

La discussione della tesi di laurea fu certamente il momento di maggiore soddisfazione per me. Avvenne una settimana dopo aver seguito un corso di public speaking, l'arte di parlare in pubblico, che mi cambiò radicalmente rendendomi totalmente sicuro di me, perfettamente in grado di parlare ad un pubblico di qualsiasi tipo e dimensione.

Tornando al giorno della discussione, ricordo che era previsto che io fossi il terzo, tuttavia i primi due laureandi non si presentarono ed io, improvvisamente, divenni il primo. A molti altri sarebbe certamente venuto un attacco di panico; io, al contrario, entrai molto tranquillo nell'aula ove era riunita la commissione, ed in venti minuti illustrai la mia tesi per punti, così come mi era stato insegnato. Per la prima volta nella storia delle lauree alla facoltà di ingegneria, riuscii ad interessare e coinvolgere la commissione nel mio ragionamento, tanto che alla fine sono stato io a dire: "qualcuno ha delle domande?", invece di aspettare che la commissione me ne facesse. I commissari, evidentemente soddisfatti, girarono la domanda al pubblico, a sua volta coinvolto dal mio discorso.

E' stato divertentissimo, e questo dimostra che le tecniche di PNL aiutano a cambiare ed a superare i propri atteggiamenti limitanti. Il segreto è nel catturare l'attenzione di un auditorio, nel gesticolare in un certo modo, nel sottolineare con un timbro diverso della voce alcune parole più importanti di altre. Esistono anche tecniche per memorizzare meglio o per leggere più velocemente, oltre a quelle per comunicare meglio.

Quindi la questione è semplice: i tre livelli della comunicazione sono tutti e tre importantissimi per ottenere un buon risultato: verbale, paraverbale e non verbale.

Secondo te durante una comunicazione quanto è importante in percentuale la parte verbale, cioè i contenuti che esprimo, le parole che dico? E quanto la parte paraverbale, cioè il tono di voce che adotto, le pause che faccio, la velocità, il volume del mio parlato? Quanto la parte non verbale, quindi i gesti, la postura, l'espressione del viso e degli occhi? Prova a dire la tua:

VERBALE   ________ %

PARAVERBALE   ________ %

NON VERBALE   ________ %

Probabilmente a scuola ti hanno insegnato, come a me, che le percentuali sono pari rispettivamente a 100% per la parte verbale, e 0% per il paraverbale e 0% per il non verbale. Peccato che questo sia assolutamente errato.

Il punto di vista della PNL, e di tutte le teorie di comunicazione al mondo, è totalmente diverso: al verbale assegna un 7%, il 38% al paraverbale e infine il 55% al non verbale. Quindi le parole e i contenuti sono la parte meno importante.

Molte persone, come pure è accaduto a me la prima volta che ne sono venuto a conoscenza, rimangono sconvolte nel leggere queste percentuali, spesso obiettano in questo senso: "ma come? Per trenta anni della mia vita mi hanno insegnato che il verbale è tutto, che i contenuti sono la cosa più importante, e poi vengo a scoprire che è ciò che conta meno, incredibile".

Per renderti il concetto più chiaro provo a farti un esempio pratico: pensa se io, che faccio il formatore, entrassi in aula all'inizio di un corso con un atteggiamento di totale chiusura, quindi a spalle basse, braccia conserte, magari con uno sguardo torvo e dicessi: "buongiorno... sono molto contento di essere qua... siete un bel pubblico... oggi passeremo una giornata divertentissima assieme... mah..." con un tono di voce completamente spento e negando con gli occhi e con le mie espressioni quello che sto dicendo.

Sarei totalmente incongruente, no? Vi sarebbe una netta dicotomia tra il mio trionfante verbale ed il mio paraverbale tanto dimesso e abbottonato. Cosa resterà più in mente al mio uditorio? Non certo il mio verbale, ma il paraverbale e il non verbale, l'assoluta incongruenza, la mancanza di motivazione nel mio essere lì in quel momento.

Le percentuali di cui ti ho parlato sono state enucleate negli anni 50 dal prof. Albert Mehrabian, e in seguito confermate dalla PNL e da altre teorie della comunicazione. E' interessante non tanto capire il modo, quindi attraverso quali esperimenti si è arrivati a queste proporzioni, né memorizzare questi numeri; ciò che importa è la pratica, riuscire a comunicare meglio. I numeri non mi interessano, anche perché valgono soprattutto all'inizio di una comunicazione, quando non ci si conosce ancora. Ovvio che se in due giorni di corso mi mostro tanto sicuro, ma non comunico nessun contenuto interessante, allora la parte verbale conterà molto di più di quel misero 7%!

SEGRETO n. 9: la questione importante è capire quanto sia fondamentale il "come" rispetto al "cosa" comunichiamo.

In realtà, quindi conoscere la proporzione tra i tre livelli ti occorre specialmente per modificare di conseguenza il tuo atteggiamento mentale: se io sono consapevole che, tutto sommato, la parte verbale e quindi i miei contenuti, non valgono così tanto, mi comporterò e comunicherò in maniera diversa.

Diventerà per me possibile intuire il perché, istintivamente, una data persona mi sia simpatica od antipatica: questo accade perché il mio inconscio ha percepito un tono di voce o una gestualità incongrua rispetto a ciò che dice. Se ti capiterà di visionare un video di Anthony Robbins, certo non lo vedrai avvicinarsi al centro dell'aula pian piano, poi spegnere la musica o cose di questo genere, al contrario, dopo esser stato presentato, entra di corsa ed urla: "BUONGIORNO!" e tutti gli rispondono gridando. Perché lo fa? Perché deve motivare il suo uditorio, perché sta tenendo un corso di motivazione con diecimila partecipanti e si crea un clima incredibilmente intenso.

Il segreto della comunicazione efficace è in questo: tutti e tre i livelli devono essere allineati, ogni livello deve trasmettere lo stesso messaggio, devono essere tra loro congruenti. Se questo accadrà nella tua comunicazione sarai creduto, perché reputato sincero. Ma c'è un'altra implicazione in questo: se impari a riconoscere questi tre livelli della comunicazione (verbale, paraverbale, non verbale), allora hai in mano il segreto della *sintonia istantanea*.

Infatti, come ti ho detto, è possibile comunicare in vari modi, su vari livelli, adattandosi alla persona con la quale stai comunicando. In questo consiste la famosa tecnica del *ricalco*.

Inconsciamente già lo adotti nella tua vita di tutti i giorni e lo vedi utilizzato dagli altri. Ti basti osservare il modo di porsi di due fidanzatini seduti l'uno di fronte all'altro ad un tavolino: sono nella stessa posizione, entrambi protesi in avanti; al contrario prova a pensare ad un colloquio di lavoro, chi offre il lavoro è rilassato e chi lo chiede è molto teso, spesso in un atteggiamento proteso, l'esatto opposto del caso precedente.

In sostanza il ricalco consiste nell'essere simili alla persona con la quale ti stai rapportando: se tu sei simile all'altra persona, non solo come postura fisica, ma anche nel tono di voce, nella velocità di espressione e nei contenuti, questa persona ti capirà meglio, si creerà tra te e lei un rapporto di fiducia, di sintonia. Questo feeling in PNL viene chiamato rapport, ovvero uno stato di totale sintonia.

SEGRETO n. 10: il ricalco è la tecnica numero uno al mondo per creare rapport, cioè sintonia istantanea con tutti.

Cosa significa nel dettaglio ricalcare una persona? Qualcuno potrebbe chiedermi: "sai Giacomo, sono interessato ai tuoi corsi perché ho voglia di acquistare sicurezza in me stesso, di *provare* soddisfazione e quindi di *sentirmi* bene". Il mio interlocutore, in questo caso, mi parla di sensazioni e lo fa con un tono molto flemmatico. Ora, se io gli rispondessi: "Bene! Allora iscriviti subito! Vieni ad assistere a ciò che propongo durante il mio corso e *vedrai* cose veramente bellissime!", secondo te sono riuscito a creare sintonia? No, perché ho comunicato in modo totalmente differente, usando un linguaggio, un paraverbale ed un non verbale del tutto difformi dai suoi. Gli sembrerei piuttosto agitato, parlando molto velocemente, spiegandomi attraverso immagini: "vieni a assistere, vedrai cose bellissime...", lui, al contrario, si è espresso con molta pacatezza, parlandomi di sensazioni.

Ti è mai capitato di trovarti a conversare con interlocutori lentissimi che si perdono in racconti interminabili mentre tu fremi perché giunga al più presto al termine della narrazione? E' normale quanto incontrare soggetti dalla parola speditissima, e tra queste due tipologie vi sono altri sei miliardi di modelli, quanti siamo al mondo, poiché non esistono archetipi né della lentezza né della velocità. E' solo che siamo tutti diversi e se non ci adattiamo agli altri la nostra comunicazione ne soffrirà.

Queste categorie si differenziano in base ai nostri sensi - vista, udito, olfatto, gusto e tatto - raggruppati dalla PNL in tre sistemi rappresentazionali, che sono il sistema visivo (la vista), il sistema auditivo (l'udito) ed il sistema cinestesico. Quest'ultimo è spesso rappresentato con la lettera K, il visivo con la V e l'auditivo con la A. Il sistema cinestesico si fonda sulle sensazioni, ma non solo quelle percepibili esternamente come il tatto o il gusto, ma anche sugli stati d'animo come la rabbia, la gioia, la felicità.

Noi viviamo nella realtà e la percepiamo attraverso la sinergia dei nostri tre sistemi sensoriali: visivo, auditivo e cinestesico; vediamo immagini, ascoltiamo parole e suoni, avvertiamo sensazioni. Già la scienza ci dice che percepiamo la realtà attraverso i nostri sensi, e allora cosa ci dice la PNL in più?

La PNL ci dice che anche *dentro di noi* elaboriamo le nostre percezioni sensoriali in maniera visiva, auditiva e cinestesica. Cioè nella mente noi abbiamo immagini, suoni e sensazioni. Se immagino di trovarmi a tenere uno dei miei corsi, chiudendo gli occhi, potrò vedere le persone che mi seguono, sentire il suono della mia voce e percepirò una sensazione di forza e di equilibrio;

questo è normale, accade tutti i giorni. Prova a pensare ad un evento piacevole della tua vita: sicuramente vedrai un'immagine di questo evento. E forse sentirai delle voci legate a quella situazione. E magari anche delle sensazioni piacevoli legate a quel momento, all'altezza dello stomaco o del petto. E' così, questo è il modo di funzionare del cervello e non l'ho deciso io né la PNL.

Ma oggi facciamo un passo in più, infatti la vera scoperta della PNL è che noi trasmettiamo tutto questo anche *all'esterno*, nella nostra comunicazione verbale, paraverbale e non verbale. Per chiarire il concetto ti faccio un esempio pratico: tempo fa sono stato in vacanza a New York e la mia è stata un'esperienza principalmente visiva, ricordo perfettamente le immagini dei grattacieli che si stagliano nel cielo azzurro, il contrasto tra la luminosità del sole ed il buio che si crea tra gli edifici.

Nella mia mente ho una serie di immagini, una sorta di cartolina, che descrivo attraverso il linguaggio, la gestualità, parlando velocemente perché altrettanto accelerate sono le immagini che vedo scorrere. Tempo fa, durante un corso di comunicazione, ho chiesto a due partecipanti di raccontarmi la loro ultima vacanza: l'uno me ne ha parlato in maniera molto visiva; l'altro per sensazioni, raccontandomi, per esempio, la meravigliosa percezione della pelle scaldata dal sole. Due diversi toni di voce, contenuti altrettanto differenti, l'uno totalmente visivo, l'altro cinestesico.

Questo dimostra che ognuno di noi vive in maniera diversa le esperienze di vita e le coglie in maniera soggettiva. Uno dei presupposti più importanti in PNL è che si parli solo di soggettività, nulla in questo contesto è oggettivo, niente è vero sempre e comunque e per tutti, vi sono varie esperienze e modi distinti di viverle.

Parliamo di *mappa soggettiva*: ognuno di noi ha in sé una serie di verità dedotte dalle proprie esperienze e che quindi danno origine alla propria realtà. Può addirittura accadere che questo crei degli abbagli, ad esempio io potrei pensare di aver detto e fatto qualcosa e non averla poi realmente detta o fatta. Potrei pensare di aver comunicato qualcosa a mia moglie, e che lei invece dica di non ricordarlo assolutamente, forse l'ho solo pensato e poi non l'ho detto, può succedere. Capita di immaginare di fare molte cose e di non realizzarle poi tutte anche se ci resta l'idea di averle concretizzate, avendo quindi in mente una realtà che non è esattamente quella oggettiva.

E' chiaro quindi che è un errore definire, come avviene in alcuni testi o corsi di PNL, le persone come integralmente visive, auditive o cinestesiche. A questo proposito taluni mi scrivono chiedendomi di aiutarli a definirsi come appartenenti ad uno dei tre sistemi, ed io rispondo sempre che nessuno appartiene ad un tipo preciso, i tre sistemi interagiscono in ognuno di noi, in maniera più o meno forte.

SEGRETO n. 11: non esistono persone visive, auditive o cinestesiche, i tre sistemi interagiscono e possono dipendere da uno specifico contesto.

La prevalenza dell'uno sull'altro dipende dal contesto in cui ci si trova. Tornando all'esempio di prima, seppure io ho vissuto la mia vacanza a New York in maniera visiva, non vuol dire che io sia integralmente visivo. Mai generalizzare perché in una persona risiedono sempre più prospettive ed etichettarla equivale inesorabilmente ad appiattirla. Se qualcuno viene ad un mio corso e per descrivermi le sue aspettative utilizza delle sensazioni io non posso etichettarlo come cinestesico perché lo vedrei come tale per tutto il percorso che andremo ad affrontare insieme. In tal modo mi impedirei di scoprire che magari è uno tendenzialmente visivo, mentre è stato cinestesico solo nel primo approccio con me.

Posso cadere in questo errore se mi concentro non sulla persona ma sull'etichetta che le ho attribuito, perdendo così l'atteggiamento mentale proprio della PNL. In quel preciso momento, in quell'istante il mio interlocutore è cinestesico, quindi gli parlerò in maniera cinestesica. E' importantissimo ricalcare il sistema che, nel preciso momento, è più congeniale al mio interlocutore: se mi parla di sensazioni gli risponderò con altre sensazioni per entrare in sintonia con lui, questo è il ricalco cioè il sintonizzarsi sull'altra persona.

Una volta creata la sintonia sarò in grado di guidare il mio interlocutore nel mio mondo. Questo è ciò che si è visto quando Bandler e Grinder studiavano Milton Erickson. Questi era bravissimo nel ricalco, pur senza avere la minima idea che se ne potesse in futuro parlare come di una strategia; lo utilizzava in automatico, si adeguava immediatamente al tono di voce del suo interlocutore, alla sua postura, all'intero suo essere.

Una volta creata la sintonia, era in grado di prenderlo per mano e guidarlo nel suo mondo: come per magia la persona lo seguiva in tutto, addirittura nel ritmo della respirazione. Erickson riusciva inconsciamente ad adeguarsi alla respirazione del suo interlocutore, poi, quando cambiava respirazione, il cliente la cambiava di conseguenza.

Nella comunicazione le pause corrispondono alla respirazione di chi parla; ebbene Bandler, che in questo è maestro, è talmente ipnotico da riuscire a far respirare 150 persone contemporaneamente ogni volta che fa una pausa. Nei suoi corsi per Trainer insegna a parlare a ritmo: si tratta di far pause con cadenza sempre uguale, in modo da ottenere maggiore uniformità nell'attenzione dell'uditorio. Questa è una buona abilità da conoscere, pensa agli effetti nella vendita, nei rapporti umani, nelle relazioni amorose. Nel ricalco l'importante è sapersi modellare sul sistema sensoriale che l'altro ti propone in quel momento: se ti parla per sensazioni, rispondi sensazioni, per immagini, immagini, se si esprime con impeto e velocità ricalcalo, così ugualmente se parla con flemma e pacatezza.

Addirittura prova ad utilizzare, parafrasandole, le sue stesse parole, ti garantisco che non si sentirà preso in giro, ma compreso come mai da nessuno nella vita. Bandler definisce questo atteggiamento con il termine "pappagallare", cioè ripetere a pappagallo non tutto quanto ci riferisce l'interlocutore, ma le sue parole chiave, i termini più importanti, quelli che rappresentano il suo mondo, la sua realtà.

Quindi se per il cliente sono importanti le sensazioni, e, più particolarmente, un certo tipo di sensazioni, ripetigliele, parafrasando le sue stesse parole e mantenendo intatto il concetto. Attento però a non cambiare le parole chiave, l'altro non riconoscerebbe più gli estremi dell'esperienza che ha in mente. Ad esempio, se una persona afferma: "sono stato da Robbins, è stato un corso straordinario" sottolineando con veemenza il termine "straordinario", non è il caso di sostituire quel termine con un sinonimo e dire "Quindi mi stai dicendo che è stato un corso fantastico?". Perché "straordinario" è legato ad una serie di esperienze particolari dal grande significato per chi comunica, gli richiama delle sensazioni forti.

Fai molta attenzione a questo aspetto. Ricorda che parafrasare è comunque un buon atteggiamento perché almeno dimostri di aver capito cosa l'altra persona ti sta dicendo, ma pappagallare è anche meglio, vai sul sicuro e fai un ottimo, preciso, dettagliato ricalco. La PNL è fatta di queste piccole differenze, va molto nel dettaglio, sulla precisione. Questo è necessario per capire con esattezza la mappa mentale dell'altra persona.

Durante i miei corsi mi è stato chiesto come si possa intuire il modo giusto di comunicare quando una persona non è di primo acchito etichettabile in un sistema sensoriale particolare. Io consiglio di basarsi su quanto dice in quel preciso momento, di ricalcarla; non si sbaglia mai ed anzi si ottengono grandissimi risultati. Altra domanda ricorrente riguarda le percentuali di cui ti parlavo più sopra, uno studente mi chiede: "se il non verbale raggiunge il 55%, nel ricalco è più efficace concentrarsi su questo piuttosto che su altri aspetti?", la risposta è no, perché in realtà sono tutte e tre importanti, anche se è vero che si possono raggiungere risultati molto profondi puntando sul non verbale.

Poco fa citavo il ricalco della respirazione, tramite le quali si riesce ad ottenere un'incredibile sintonia con la persona con cui parla. Esse rientrano in parte nel sistema non verbale, ed in parte anche nel paraverbale perché il respiro va a corrispondere alle pause che si fanno.

Prova, all'inizio potrà essere un po' difficoltoso poiché non è facilissimo intuire immediatamente il modo di respirare dell'altra persona, non siamo abituati a riconoscerlo. Per rendere tutto più semplice ti consiglio di partire dal paraverbale, infatti se ricalchi il suo modo di parlare, il tono di voce, le pause e la velocità, ti modellerai esattamente su di lui. Questo accade spesso nella vita di tutti i giorni, ti sei mai reso conto che quando sei preso dal discorso di qualcuno, respiri nel momento in cui lui si ferma?

Avevo un amico all'università che parlava molto velocemente, il doppio rispetto a me che già parlo veloce; comunque, essendomi ormai sintonizzato su di lui, ero l'unico in grado di capirlo. Poteva parlare anche per mezz'ora di seguito quasi senza respirare e di conseguenza tutti coloro che lo ascoltavano andavano in apnea, rischiavano il soffocamento.

Quindi ricorda, fai sempre qualche pausa mentre parli, per il bene dei tuoi interlocutori. Ma, tornando al nostro esempio, secondo te di chi era l'errore? Di chi parlava troppo velocemente o di chi non riusciva a sintonizzarsi su di lui e a seguirlo? Il responsabile del fallimento della comunicazione era il mio amico, era lui a doversi adeguare all'uditorio. Se a comunicare sono io, la responsabilità della comunicazione è mia, quindi come devo comportarmi se non ho ottenuto il risultato che volevo? Devo cambiare il modo di comunicare, provare un altro approccio, e poi un altro sino a che non arriverò a quello più giusto per il mio interlocutore.

SEGRETO n. 12: il ricalco è sulla comunicazione verbale (parole v/a/k), paraverbale (pause/respirazione), non verbale (gesti/postura).

In PNL si dice: "se una strategia non funziona fai qualcos'altro". Senza star lì a dolersi per un fallimento, se un dato atteggiamento non funziona si prova in un altro modo. Perciò non comportarti come una mosca alla finestra che tenta di uscire battendo al vetro e riprova senza mai riuscire, cambia strategia.

La PNL è importante non solo per comunicare meglio, ma soprattutto come atteggiamento, come "forma mentis" per chiunque, dalla mamma al figlio, dal professionista allo studente.

Ad esempio un mio amico qualche tempo fa aveva un appuntamento per un colloquio di lavoro. Venne da me qualche giorno prima a chiedermi consiglio su come comportarsi. Come prima cosa lo invitai ad immaginare la scena: un'ampia scrivania in ciliegio, trofei in bella mostra, carte ovunque, poi, sulla sua poltrona di pelle, tranquillo, seduto comodamente all'indietro, braccia conserte, "il capo", pronto a giudicare la persona che ha di fronte. Dissi: "certo ti troverai a sedere su di uno scomodissimo trespolo, tuttavia evita di metterti completamente proteso in avanti, a mani giunte, come dire: 'ti prego assumimi'. Innanzitutto non saresti in sintonia, poi gli trasmetteresti l'idea che ti senti inferiore a lui e che lo stai pregando di offrirti un lavoro. Concentrati invece sul fatto che sei una persona come lui, con pari valore, l'unica differenza tra voi consiste nel fatto che lui ha una posizione in questa azienda mentre tu sei esterno e ti stai proponendo, ma ciò non toglie che gli stai offrendo un servizio di cui ha bisogno perché non può provvedervi da solo: lui serve a te e tu servi a lui, siete in posizione di parità. Per cominciare entra e siediti esattamente come lui, mettiti comodo.

Ovviamente la tua posizione dovrà propiziare una sintonia, quindi evita le braccia conserte o gli atteggiamenti troppo chiusi. Ricalca il suo modo di fare, di parlare. Il futuro capo ti chiederà di parlargli delle tue esperienze, sta a te fargli capire che sei un professionista che offre un servizio e che di questo servizio lui ha bisogno. Ricorda: le convinzioni che hai su te stesso si trasmettono a chi ti è di fronte".

Alcuni libri di PNL e Comunicazione Non Verbale ti proporranno l'equazione: braccia conserte uguale a chiusura, non li prendere troppo in considerazione perché la PNL non dà definizioni fisse agli atteggiamenti, non impone etichette, poiché utilizzarle vuol dire perdere la flessibilità, la curiosità di capire chi hai di fronte. Se dici: "quella persona è a braccia conserte, ha un atteggiamento chiuso, quindi anch'io mi chiudo", si innescherà un circolo vizioso di convinzioni che porterà al fallimento della comunicazione tra voi.

SEGRETO n. 13: la PNL non accetta le etichette certe e definitive che alcuni libri assegnano ai gesti.

Poniti in posizione non fissa ma dialettica, lasciando spazio a qualche altra possibilità e dì a te stesso: "lui è a braccia conserte, perché? Forse è comodo così o magari ha semplicemente freddo, che fare? Nel dubbio anch'io mi pongo come lui, così non sbaglio, magari meno chiuso, ricalco il suo non verbale e creo sintonia".

Il non verbale ha il vantaggio di poter creare sintonia prima ancora di aver parlato per la prima volta con colui o colei con cui intendo relazionarmi. Se ad esempio, come racconto nel mio libro "Seduzione", vuoi creare sintonia con una ragazza ancor prima di parlarci, adotta la sua stessa postura, di modo da cominciare immediatamente a creare sintonia: il suo cervello, il suo inconscio lo avvertirà. Poi passerai al verbale, ed avrai ancora più appigli per ricalcarla.

Io, ad esempio, ho avuto occasione di applicare questa tecnica durante gli ultimi esami di ingegneria, nel corso dei quali ero talmente concentrato a pensare come ricalcare il professore da dimenticare la paura della prova, la timidezza e l'ansia. Ero preso dal parlare come lui, dall'esprimermi come avrebbe fatto un professore, cercavo di capire cosa a lui interessasse e mi adattavo. E' importantissimo comprendere cosa è importante per l'interlocutore per poterlo soddisfare.

Tempo fa ho lavorato come coach con un'insegnante che aveva un sogno: offrire alla sua classe il contributo di un famoso poeta per permettere una più approfondita conoscenza della poesia, ed un diverso atteggiamento nello studio dei poeti. Per poter realizzare questo obiettivo le era necessario il benestare della preside, quindi le rivolse la richiesta di spesa mettendole in evidenza la necessità di una migliore istruzione per i ragazzi della propria classe.

Quest'ultima, responsabile di rispettare un dato budget, era più interessata a non sforare il tetto previsto che ad istruire gli alunni di quella specifica classe, quindi negò il suo consenso, ritenendo si trattasse di un inutile esborso. Durante la sessione di coaching che ebbe con me, l'insegnante mi illustrò la situazione che si era venuta a creare. Le consigliai di ripetere la richiesta e questa volta di puntare sulle priorità, non proprie e della propria classe, ma della preside e della scuola tutta. Pochi giorni più tardi l'insegnante tornò da lei e le disse che si rendeva conto dell'onere aggiuntivo che l'intervento del poeta comportava, ma che questo evento avrebbe accresciuto certamente il prestigio dell'istituto. E a quel punto la preside accettò. Ecco dimostrato che il modo di comunicare influenza moltissimo il successo della nostra comunicazione.

Persino al telefono dove non hai la possibilità di servirti della parte non verbale. Durante le mie lezioni spesso mi sono state poste domande interessanti come questa: "come posso applicare il ricalco se mi occupo di vendite telefoniche?". Semplice, hai una spia importantissima dell'altrui personalità già solo nel tono di voce. Ciò che dice e come lo dice, il tono di voce che adotta, la velocità e le pause, ti dicono tantissimo sull'interlocutore.

Tra l'altro anche nel campo della vendita telefonica, una componente non verbale esiste: chi fa questo lavoro avrà certamente ascoltato il motto secondo il quale "sorridi al telefono, perché il tuo sorriso si trasmette nella tua voce". Pare infatti certo che se nel parlare sorridi, le parole defluiscono in maniera totalmente diversa, il tono di voce cambia e l'altra persona ne percepisce il calore.

Altro segreto da adottare nei rapporti telefonici è far parlare l'interlocutore, non subissarlo di notizie tanto da metterlo a tacere. Se si prova a studiare i grafici delle registrazioni telefoniche dei venditori, ci si rende conto che vanno a miglior fine quelle in cui si lascia parlare il potenziale cliente. Quando il venditore parla troppo, è molto probabile che fallisca; è invece assai meglio fare una pausa, far parlare l'altra persona o farle una domanda, inserire un "perché".

Un punto di domanda in questo caso è proficuo, ad esempio: "perché è interessato a seguire questo corso di comunicazione?". Con ciò porti l'interlocutore a dirtelo e nel far questo amplifichi le sue convinzioni. In più nel parlare ti sta offrendo moltissimi appigli per ricalcarlo: ti rendi conto del suo linguaggio, del suo modo di esprimersi visivo, auditivo o cinestesico, della sua velocità e del modo in cui fa le pause: ti dice tutto.
Così diviene assai più facile vendere, è sufficiente seguire poche, semplici regole di ricalco per creare sintonia e vendere un

prodotto. Ovviamente è anche molto importante che tu sia realmente convinto della bontà del prodotto stesso, altrimenti il cliente se ne accorgerà.

Una volta imparato il metodo, potrai applicare il ricalco ad ogni aspetto della tua vita. Ad esempio il professionista che adotta il ricalco nel lavoro, una volta tornato a casa può utilizzare le medesime strategie comportamentali per comunicare meglio con la moglie o creare un rapporto di fiducia e comprensione con i figli.

Le tecniche di PNL sono universali e vengono definite "metacompetenze", poiché si situano su di un gradino superiore rispetto ad altri tipi di formazione. Ti insegnano a comunicare meglio, a capire gli altri ed a farti capire meglio dagli altri.

In più io posso ricalcare su piani diversi, per questo ci sono degli appositi corsi di ricalco avanzato, la cui conoscenza viene approfondita già a partire dal corso di comunicazione. Ma stai tranquillo che anche in questa guida te lo spiego abbondantemente, anche se si tratta di strategie conosciute veramente da pochi trainer.

Un primo livello è il cosiddetto *ricalco culturale*, che si ha quando, ad esempio, ad un incontro ti presenti in giacca e cravatta perché sai che l'interlocutore sarà vestito nello stesso modo. Così se io tengo una sessione di corso in azienda o di fronte ad un gruppo di medici, mi vestirò in maniera adeguata a mettermi già da subito al loro stesso livello, per essere quel qualcosa che loro si aspettano che sia.

Nello stesso modo, se vado in una classe ad insegnare a dei ragazzi tecniche di apprendimento o di lettura veloce, mi vestirò molto più informalmente, senza giacca e cravatta perché so, per esperienza diretta, che in quel contesto l'abito istituzionale crea chiusura; pensano: "guarda questo, ma chi è? Sarà il classico ex alunno secchione che torna nella propria scuola ad insegnare le sue stupidaggini", e perché non succeda mi abbiglierò come loro: in camicia e jeans. Magari a quel punto ispirerò poca fiducia al professore, ma non importa: l'uditorio che voglio coinvolgere sono gli alunni, e quindi sono loro che io devo ricalcare culturalmente.

SEGRETO n. 14: il ricalco culturale significa adeguarti all'ambiente in cui vai a comunicare.

Io sono stato invitato come ospite a diverse trasmissioni televisive, dalla Rai a Mediaset, e ogni volta mi curavo bene di vedere alcune puntate di quelle trasmissioni prima di andare come ospite. In questo modo potevo studiare il tipo di trasmissione, più o meno informale, l'ambiente, il modo di vestirsi degli ospiti e del conduttore. E ovviamente quando arrivavo io ero perfettamente sintonizzato con il conduttore di turno, che ogni volta infatti mi dava molto più spazio del dovuto.

Un altro tipo di ricalco avanzato, secondo me tra i più importanti, è il *ricalco emotivo*. Immagina questa situazione: fai parte di un gruppo e un giorno vieni a sapere che una ragazza tua amica è stata appena lasciata dal fidanzato dopo una relazione abbastanza lunga: é distrutta, triste e depressa come mai. In quel mentre, intempestivo, arriva un altro amico che, tutto elettrizzato, reduce dalla lettura di un libro sul pensiero positivo, la esorta a reagire, a motivarsi, dicendole di infischiarsene e, peggio che mai, tentando di screditare l'ex ai suoi occhi. Cosa accade a questo punto? Che la ragazza lo invita gentilmente a farsi una passeggiata altrove: lei sta male, vuole continuare a stare così per ora, non ha alcuna voglia di reagire. L'amico, anche se aveva ottime intenzioni ha fallito il risultato della sua comunicazione, lui è in vetta ad una montagna, lei nel punto più basso della valle, non c'é sintonia.

SEGRETO n. 15: il ricalco emotivo è adattarti, comprendere e rispettare le emozioni del tuo interlocutore.

Quale strategia adotta invece un buon comunicatore? Un buon "piennellista"? Va da lei e la ricalca, si cala nel suo stato emotivo, magari un gradino più in alto, leggermente meno depresso sennò si finisce con il deprimersi sempre di più a vicenda. E le dice: "Ho saputo, è terribile… Il tuo ragazzo ti ha lasciato dopo due anni... è tremendo, ti capisco, è successo anche a me, vivevo una storia bellissima quando, di punto in bianco, lei mi ha lasciato, sono stato malissimo. *Un giorno poi* ho incontrato una ragazza speciale e la mia vita è cambiata...". In questo modo l'ho ricalcata e ho creato sintonia: per farlo posso parlare della mia esperienza come di quella di qualcuno che mi è vicino.

Arrivato a questo punto la prendo per mano e cerco di guidarla in uno stato migliore: cambio tono di voce, velocizzo il modo di esprimermi, lo rendo un po' più sostenuto e continuo a parlarle della nuova storia che vivo e che va a gonfie vele dandole metaforicamente la speranza che presto accadrà anche a lei.

Mi seguirà perché si sente capita, le fa piacere parlare con chi le ha offerto comprensione poiché ha vissuto una situazione simile. E' normale e giusto voler riflettere sulla propria sofferenza per un po', e bisogna saper distinguere al meglio la realtà dei fatti per poter aiutare con efficacia.

La PNL dice: "in quel momento la persona non ha voglia di motivazioni poiché nella sua realtà non c'é felicità, che fare? Occorre entrare nel suo mondo, e poi, pazientemente, portarla fuori".

A questo proposito mi pare calzante la *metafora del fiume*: immagina che davanti a te scorra un fiume, io sono su una sponda e tu su un'altra. Tu mi dici di venire sulla tua sponda perché vedi fiori e piante bellissime, ne sei ammirato e vorresti dividere questa sensazione con me. Al contrario io vorrei che fossi tu a passare sul mio versante dove c'è un bellissimo prato, adatto per una partita di calcio. A te però, forse, non interessa questo aspetto e quindi non sei motivato a raggiungermi.

Come devo comportarmi in questo caso da buon comunicatore? Vengo per primo io da te, ti ricalco, ti dimostro di essere interessato al tuo mondo ed ora che sono vicino a te effettivamente vedo che il tuo giardino è molto bello; solo ora posso prenderti per mano e guidarti sul mio versante del fiume, certamente mi seguirai e troverai che effettivamente potremmo giocare una bellissima partita e divertirci.

Questa è l'idea del ricalco e della guida, questa è l'idea della PNL, dare e ricevere comprensione. In questo caso non ti ho dato ragione dicendo che il tuo versante è più bello ed interessante del mio, ti sono solo venuto incontro e tu hai fatto altrettanto. Adottando questa tecnica potrai ottenere qualsiasi cosa da chiunque, sul lavoro, in famiglia o altrove, perché se crei sintonia puoi ottenere quello che vuoi.

Attenzione, perché non ti sto dicendo che devi perdere la tua personalità e adattarti a quella degli altri. Non devi dare "ragione" se non lo pensi. Quello che ti sto dicendo è semplicemente di dare "comprensione", che è una cosa ben diversa dalla ragione ed è qualcosa che tutti meritano e di cui tutti hanno diritto. Ognuno è diverso, ognuno ha la sua mappa della realtà, ognuno ha il suo punto di vista. Ti chiedo solo di guardare dal punto di vista dell'altro per qualche minuto, di indossare le sue scarpe, di metterti nei suoi panni per aprire la tua mente.

Purtroppo in genere capita il contrario, vogliamo solo imporre il nostro punto di vista e le nostre idee. E così si finisce sempre a litigare e a non capirsi. Ora che conosci lo strumento del ricalco invece non hai più scuse per litigare, quindi datti da fare.

Un altro tipo di ricalco avanzato, per lo più sconosciuto alla maggior parte dei trainer, è rappresentato dal *ricalco delle convinzioni*. Ti faccio alcuni esempi pratici: nei primi tempi in cui mi occupavo di comunicazione aziendale trovavo sempre alcune difficoltà di approccio con il gruppo di persone da formare; erano chiuse nei miei confronti poiché vedevano il corso come una punizione inflitta loro a causa dello scarso rendimento nelle vendite e si veniva a creare un ambiente piuttosto ostile. Si trattava di persone con esperienza anche trentennale in quel campo, quindi mi vedevano giovane ed incapace a dare loro lumi ed in più avevano una serie di preconcetti, come ad esempio: "ma che vuole questo? Chi è? Quanti anni ha? Cosa pensa di potermi insegnare? Come fa ad insegnarmi qualcosa se non conosce le dinamiche dell'azienda?".

Ho risolto ricalcando le loro stesse convinzioni, mi sono detto: "meglio esprimerle per primo, tanto le pensano comunque, quindi può essere un modo per entrare in sintonia con loro". Sono entrato in sala e mi sono presentato affermando: "Buongiorno, mi chiamo Giacomo Bruno, ho 30 anni e mi occupo di strategie di comunicazione dal 1990. So che qualcuno all'inizio potrebbe pensare che io sia troppo giovane per insegnarvi qualcosa, ed è anche vero che lo faccio da anni con grande successo a persone di tutte le età e di tutti i settori, comprese grandi aziende. Mi sono specializzato in Europa e negli Stati Uniti con i migliori del mondo. Sono qui perché il vostro capo crede in voi e ci tiene che date il massimo. Vi insegnerò tecniche di comunicazione che potrete usare non solo nella vendita ma anche a casa per comunicare meglio nei vostri rapporti. Potrete applicare i principi della PNL a tutti gli aspetti del vivere, quindi il mio consiglio è che voi mi ascoltiate con curiosità e sincero interesse..." e così via. Se non avessi fatto questa premessa avrei lavorato male, in una situazione sfavorevole, per entrambe le giornate del corso, e non avrei formato efficacemente. Anticipando le loro convinzioni le ho "bruciate".

SEGRETO n. 16: il ricalco delle convinzioni consiste nell'anticipare eventuali obiezioni o credenze.

Così anche per i medici: sono lì senza un particolare interesse per quanto ho da dire, spesso seguono questi corsi solo per i crediti formativi, gli ECM, e quindi sono un po' chiusi in loro stessi. Forse anche giustamente, perché magari sono primari in qualche ospedale, hanno tanta esperienza e quindi non mi vedono di buon occhio. Anche in questo caso li anticipo, brucio le loro convinzioni su di me, dicendo che sì, sono giovane, non sono un medico e non ho alcuna esperienza di ospedali, ma resto comunque un professionista della comunicazione e posso dar loro preziosi consigli sul modo di rapportarsi con i pazienti. Aggiungo poi che non devono farlo per me poiché io vengo pagato in ogni caso. E la situazione si sblocca subito e il corso riparte alla grande.

Mi soffermo con attenzione sul ricalco delle convinzioni nel mio corso di public speaking: se chi parla in pubblico non anticipa tutte le possibili obiezioni, prima o poi verranno a galla e probabilmente sarà più difficile gestirle efficacemente.

La verità è che più miglioriamo le nostre competenze, più sappiamo comunicare meglio e quindi ottenere i risultati che desideriamo. E come hai visto non è solo questione di tecniche o strategie: la tecnica stessa del ricalco è solo la punta dell'iceberg di un atteggiamento mentale fatto di flessibilità, curiosità, giocosità e interesse nei confronti del mondo degli altri. Solo con questa attitudine potremo considerarci comunicatori di ottimo livello.

RIEPILOGO DEL GIORNO 2:

- SEGRETO n. 5: il risultato della comunicazione è più importante dell'intenzione.
- SEGRETO n. 6: la PNL ha come metro di giudizio non la verità ma l'efficacia.
- SEGRETO n. 7: se ti assumi la responsabilità della comunicazione, hai il potere di ottenere il risultato che desideri.
- SEGRETO n. 8: la comunicazione si svolge su 3 livelli: Verbale (i contenuti), Paraverbale (la voce), Non Verbale (il linguaggio del corpo).
- SEGRETO n. 9: la questione importante è capire quanto sia fondamentale il "come" rispetto al "cosa" comunichiamo.
- SEGRETO n. 10: il ricalco è la tecnica numero uno al mondo per creare rapport, cioè sintonia istantanea con tutti.
- SEGRETO n. 11: non esistono persone visive, auditive o cinestesiche, i tre sistemi interagiscono e possono dipendere da uno specifico contesto.
- SEGRETO n. 12: il ricalco è sulla comunicazione verbale (parole v/a/k), paraverbale (pause/respirazione), non verbale (gesti/postura).
- SEGRETO n. 13: la PNL non accetta le etichette certe e definitive che alcuni libri assegnano ai gesti.
- SEGRETO n. 14: il ricalco culturale significa adeguarti all'ambiente in cui vai a comunicare.
- SEGRETO n. 15: il ricalco emotivo è adattarti, comprendere e rispettare le emozioni del tuo interlocutore.
- SEGRETO n. 16: il ricalco delle convinzioni consiste nell'anticipare eventuali obiezioni o credenze.

Giorno 3: Motivazione

Secondo pilastro della PNL è la motivazione: essere motivati e saper motivare gli altri. Ogni persona ha sperimentato, nel corso della propria vita, uno o più momenti di demotivazione, tuttavia Anthony Robbins, grande guru della motivazione, ci svela che in realtà non esistono persone demotivate ma solo obiettivi poco motivanti. Questo vuol dire che seppure posso sentirmi demotivato in un dato momento, certo non lo sarò perennemente.

Magari capita di non avere la giusta spinta per alzarsi la mattina perché non si ha un obiettivo ambito da realizzare. Con le strategie di PNL potremmo andare ad analizzare il modo in cui ci si desta: il primo pensiero, la prima immagine, il primo suono, la prima voce, le sensazioni che si provano od altro e trovare un modo per far sì che tutto avvenga più velocemente e con maggiore motivazione. A mio avviso tutto questo può sì funzionare, ma mai come avere una buona motivazione.

Io ad esempio, amando molto il mio lavoro, sono molto motivato a svegliarmi la mattina, non ho bisogno di sveglia per farlo poiché non vedo l'ora di andare a fare ciò che mi interessa. Spesso lavorare per me coincide con il leggere molti libri, cosa che amo molto fare, e quando il corriere me li consegna è per me il momento più bello del mondo. Trovo bellissimo aprire il cartone ed osservare i testi che ho ordinato, dieci/quindici alla volta, perché leggere è qualcosa che mi piace e, di conseguenza, sono motivato a farlo.

SEGRETO n. 17: non esistono persone demotivate, ma solo obiettivi poco motivanti.

Quindi se non abbiamo motivi forti per svegliarci la mattina, è normale che si impieghi un'ora per alzarsi e lo si faccia comunque di malumore. Ti è capitato di dire: "no, è già suonata la sveglia! Devo andare a lavorare...", magari fai un lavoro che non ti piace e non vedi l'ora che arrivi il sabato e la domenica. Al contrario io potrei dire di non essere uno fissato con le vacanze, nel senso che mi distolgono dal lavoro che è la mia passione. Addirittura nel week-end mi trovo disorientato, anche se poi è importante vivere appieno anche i momenti di relax.

E' importante avere o darsi una motivazione forte, infatti anche se il tuo attuale lavoro non è proprio quello dei tuoi sogni, può nascondere al suo interno degli obiettivi interessanti in grado di motivarti. Ad esempio, seppure un venditore non va pazzo per il suo lavoro, cerca però di farlo al meglio delle sue possibilità e quindi si iscrive ad un corso di PNL che gli offre mille spunti sulla comunicazione, la motivazione, la sicurezza. Si pone come obiettivo in cui crede quello di migliorare o addirittura raddoppiare il suo fatturato: "voglio che vadano a buon fine almeno 7 telefonate su 10!".

Tuttavia non è facile trovare buoni obiettivi e soprattutto non è facile formularli bene. Il compito è formulare bene i tuoi obiettivi perché siano validi. Quando, durante i miei corsi, chiedo agli allievi di riferirmi i propri obiettivi, spesso mi rispondono di non averne ancora nessuno in particolare, altri invece mi dicono che vorrebbero cambiare lavoro.

Prendiamo in esame questo secondo caso. Cambiare lavoro è certo un obiettivo ambizioso, ma purtroppo non è ben definito e quindi non motivante. Se non voglio più lavorare in un dato contesto, debbo infatti sapere verso quale nuovo contesto voglio dirigermi.

Un obiettivo ben formulato deve essere *espresso in positivo*, deve potermi indirizzare verso una meta precisa: se voglio fare un viaggio in mare non basta voler a tutti i costi lasciare il porto, debbo anche decidere la direzione da far prendere alla mia imbarcazione. In sostanza è necessario prefissarsi una rotta per arrivare ad un approdo. Aiutandoci con la geometria potremmo dire: "se ho un punto dal quale parto, e voglio raggiungere un altro punto, che è il mio obiettivo, creo una retta, quindi una direzione". Se il mio allievo vuole cambiare il lavoro che ha, ma ancora non sa cosa vorrebbe davvero fare nella vita, io devo aiutarlo a capire quale tipo di lavoro intende cercare, far sì che focalizzi meglio il suo obiettivo, perché questo gli dà molte più possibilità di raggiungerlo.

Esiste in PNL una formula "magica" per definire al meglio un obiettivo che è stata dedotta dal comportamento dei più grandi leader, delle persone più ricche e di successo del mondo: è necessario mettere nero su bianco i propri obiettivi, scriverli uno per uno. Da alcuni studi si è scoperto che solo il 3% della popolazione se li scrive e quella stessa percentuale di persone raggiunge risultati assai maggiori di tutto il residuo 97%.

Questo probabilmente accade perché una volta fissati sulla carta, per coerenza, in qualche modo si tenta di portarli avanti, mentre al contrario ci si ferma o ci si muove a caso. Non sapere dove si va può diventare pericoloso, si può essere preda di chi tende a portarti fuori strada, nel momento invece in cui ho un obiettivo chiaro il cervello si focalizza e mi permette di trovare molte strade, occasioni, opportunità per poterlo realizzare.

Parlando della mia esperienza, posso dirti che quasi contemporaneamente alla mia decisione di fare il trainer di PNL ho incontrato una persona che faceva esattamente questo lavoro. Non mi era mai capitato di conoscerne altre prima, forse non me ne ero mai accorto o non avevo approfondito, fatto sta che questa persona mi ha introdotto nel mondo della Programmazione Neuro-Linguistica, mi ha fatto conoscere i corsi di formazione, e da lì è iniziata la mia carriera. Ti porto un altro esempio: dopo un certo periodo che tenevo corsi di formazione, decido di farne dei videocorsi; ebbene, di lì ad una settimana mi giunge una email pubblicitaria non richiesta dal nostro attuale regista, che all'epoca assolutamente non conoscevo, con su scritto: "Realizziamo i vostri videocorsi con telecamere di qualità, prezzi straordinari, etc...", incredibile coincidenza. E moltissime altre volte mi è capitato di cogliere improvvisamente nuove opportunità giuntemi da persone mai viste prima.

Sono certo che tutto questo è accaduto perché avevo chiaro il mio obiettivo ed attivavo ogni canale per poterlo raggiungere. Vi è sempre un presupposto: uno stato attuale, dove sono oggi, ed uno stato desiderato, dove voglio arrivare, ovvero il secondo punto della retta, un qualcosa che mi dà la direzione, come un faro che mi illumina.

STATO ATTUALE   >   STATO DESIDERATO
(presente)   (futuro)

Il cammino non sarà facile: tanto più i miei obiettivi sono ambiziosi, tanto più sarà irto di difficoltà, ci saranno giorni in cui non mi andrà di proseguire, mi sentirò demotivato, quindi dovrò essere molto determinato. E per sostenermi sarà sufficiente prendere il foglio dove avevo annotato il traguardo e ricordarmi: "ora sei qui e devi arrivare qui".

SEGRETO n. 18: gli obiettivi vanno formulati partendo dal tuo Stato Attuale e arrivando al tuo Stato Desiderato.

La laurea è un traguardo difficile da conseguire per molte persone, perché spesso ci si concentra solo sulla cadenza giornaliera delle lezioni e sull'esame, prova terribile di stress ed ansia, durante il quale si viene giudicati e trattati da inferiori: visto così è un mondo d'inferno. Se però provi a vedere l'esame come mezzo per raggiungere la laurea, la professione che sogni, o addirittura provi già a vederti nel ruolo che desideri ricoprire, l'esame diventa solo un mezzo e lo affronterai con determinazione e forza.

Sino al raggiungimento dell'obiettivo devi fare tanto e mettere in conto dei fallimenti, degli incidenti di percorso, ma niente paura, le tecniche di PNL ti permettono di accedere a stati d'animo potenzianti, a risorse che ti aiuteranno a trovare la forza per compiere tutte le azioni necessarie, ma soprattutto imprimeranno una svolta positiva al tuo atteggiamento mentale.

Non dovrai pensare di aver fallito solo perché un esame non è andato a buon fine, semplicemente proverai sino a che riuscirai nel tuo intento. Ti sia di esempio Edison, inventore della lampadina, che ha messo in atto diecimila tentativi prima che il suo esperimento riuscisse. Quanti avrebbero fatto altrettanto?

Così anche Walt Disney, per realizzare il suo sogno di costruire il parco giochi più straordinario di tutti i tempi, e che oggi è il più famoso del mondo, ha dovuto girare ben 300 banche prima di spuntarla perché in 299 casi gli risposero che concedere finanziamenti per un parco giochi era un'idea ridicola. Disney era certo che prima o poi tutti avrebbero riconosciuto l'importanza, la bellezza del suo progetto, ma chi avrebbe avuto altrettanta pazienza?

Il segreto sta nel poter contare su forti convinzioni e sapere che quella che si sta percorrendo è l'unica strada giusta.

Prima parlavo di formula magica, e allora vediamo subito quali sono le 5 caratteristiche di un obiettivo ben formulato:

1) POSITIVO
2) MISURABILE
3) RESPONSABILITA'
4) VANTAGGI DEL PRESENTE
5) ECOLOGICO

Partendo dal primo, posso dirti che avere un obiettivo espresso al *positivo* significa che non è importante cosa NON voglio più fare, ma, importantissimo, devo aver chiaro cosa voglio fare, cioè il mio cervello deve essere focalizzato su di un dato traguardo.

Se continuo a fissarmi sul lavoro che non voglio più fare e dico, ad esempio: "non voglio più fare l'autista", in realtà continuo ad esprimermi in negativo ed a vedermi in quel contesto, non tendendo verso ciò che voglio diventare.

Se invece penso, ad esempio: "non voglio fare più questo lavoro, bensì voglio fare il trainer", mi sto esprimendo in positivo e sto ponendo l'obiettivo in modo corretto, in più mi vedrò già nelle vesti di un trainer, il che è molto motivante. Sappi, se non l'hai già sentito o letto, che la parola "non", non è percepita dal cervello, in quanto non esiste una rappresentazione mentale che indichi il non. Se dico: "non pensare ad un cane che insegue un gatto", tu immagini un cane che insegue il povero gatto, è vero? Non puoi farne a meno. Ovviamente se invece ti dico: "domani non c'é il corso", non verrai perché razionalmente comprendi la negazione. Questo accade perché, come linguaggio, il non è del tutto comprensibile ed identificabile, ma non lo è come immagine mentale.

Quindi quando dico "non voglio fare più questo lavoro", in realtà la mia mente si focalizza proprio su questo, anche al livello profondo delle immagini mentali. Ecco perché esprimere un obiettivo in forma positiva è così importante e rappresenta la prima caratteristica di una buona formulazione.

SEGRETO n. 19: un obiettivo deve essere espresso in positivo per aiutare la mente a focalizzare e visualizzare il risultato.

Passiamo alla seconda caratteristica dell'obiettivo: *misurabile*, cosa significa questa espressione? Che io devo avere dei chiari riferimenti per capire quando é che ho raggiunto il mio obiettivo. Quindi se tu mi dici: "voglio fare il formatore", ed io ti chiedo: "quando considererai raggiunto questo obiettivo?", la tua risposta potrebbe essere: "quando terrò il mio primo corso", ecco che il tuo obiettivo è misurabile.

Nell'ambito di un rapporto di coppia l'obiettivo potrebbe essere litigare meno volte al mese, passare, ad esempio, da 5 a 3 volte. Rendere misurabile un obiettivo vuol dire sapere dov'é il traguardo per poi potersi accorgere di averlo raggiunto.

Immagina di assistere ad una gara di atletica, i centometristi partono non appena sentono lo sparo e corrono, corrono, in uno stato di totale "trance", se non ci fosse una linea di traguardo a fermarli correrebbero per chilometri. Ugualmente, quando Anthony Robbins fa fare ad un suo allievo la camminata sui carboni ardenti c'é una persona che lo blocca. Se ciò non avvenisse, l'allievo continuerebbe per altri cento metri.

Rendere misurabile un obiettivo vuol dire sapere dov'é il traguardo e quindi comprendere di averlo centrato e premiarti. Io mi sono sentito in grado di raggiungere obiettivi dal momento in cui ho cominciato a scriverli e a darmi un tempo per arrivarci. Ogni tanto monitori la tua situazione, ti rendi conto del punto in cui sei arrivato e di quanto cammino ancora ti resta da percorrere. Lo fai una prima volta, lo fai per altre dieci volte mentre prosegui il tuo percorso, finché alla fine ti convinci che è possibile raggiungerli e che sei in grado di farlo. Autostima e sicurezza salgono, anche se potresti aver bisogno di un po' di tempo per realizzarli.

In uno dei miei corsi parlo della ricchezza ed insegno strategie pratiche per diventare milionari. Una coppia che aveva seguito il corso, dopo tre settimane, mi confessò di aver guadagnato moltissimi soldi. Avevano aperto un'attività e concluso un'importante negoziazione facendo passare il loro capitale da dieci a trentamila euro.

Le strategie sono concrete, pratiche, per cui, se formuli bene il tuo obiettivo e lo persegui con determinazione è certo che, prima o poi, lo raggiungerai. Qualsiasi cosa rendila misurabile e dalle anche un tempo di realizzazione, è essenziale, poiché ciò che differenzia il sogno da un obiettivo è il tempo. Se il mio fine è diventare ricco, questo è solo un sogno, mentre se il mio obiettivo è possedere un milione di euro entro i miei trenta anni, questo sì è un obiettivo ben formulato. Come puoi notare c'é una scadenza temporale ed una cifra precisa, per cui so che quando raggiungerò il milione di euro avrò centrato il mio obiettivo e farò di tutto per ottenerlo.

Ti posso parlare della mia esperienza: più di un anno e mezzo fa iniziai a pormi degli obiettivi in termini di aumento di fatturato della mia azienda con cadenza mensile. Mentre li scrivevo mi rendevo conto di quanto fossero ambiziosi, non ero certo di riuscire a raggiungerli. Invece è successo che, mese per mese, ho raggiunto la cifra immaginata con uno scarto di pochissimi euro. Mi sono detto che se avessi avuto da subito la certezza che il cervello è così preciso nel portarmi alla realizzazione degli obiettivi, avrei raddoppiato la somma. Poi, se invece di raggiungere l'intera somma, fossi arrivato ad un ammontare un po' inferiore avrei potuto essere ugualmente soddisfatto.

SEGRETO n. 20: un obiettivo deve essere misurabile per verificarne con dati concreti il cammino e il raggiungimento.

Tutto questo va provato su te stesso, infatti, come dice Bandler: "non ascoltate quello che vi sto dicendo, sappiate che sono tutte bugie, sono tutte generalizzazioni, non c'é nulla di vero, di provato, non c'é nulla di teorico, non è scienza", né devi ascoltare quello che ti dico io, ma fare esperienza diretta di quello che ti sto insegnando. Io l'ho provato su di me e so che funziona perché sono cambiato a livello personale e professionale, a te posso solo indicare una direzione: devi imparare a formulare e raggiungere i tuoi obiettivi senza il mio aiuto. La PNL, a differenza della terapia, non porta a volersi sempre confrontare con il coach, sei tu che hai la responsabilità della tua realizzazione personale e professionale.

E infatti la terza caratteristica della formula magica è proprio la *responsabilità*. Il segreto sta nel fissarsi degli obiettivi raggiungibili con il tuo solo impegno, devono cioè essere a portata di mano con le tue sole risorse. Se dipendono da altri, allora sono a rischio. A meno che tu non riesca a influire sulle altre persone coinvolte, e in tal caso la responsabilità del coinvolgimento è sempre la tua. Ad esempio, se il tuo obiettivo è quello di accrescere il fatturato della tua azienda, cosa puoi fare? Dovrai coinvolgere i tuoi colleghi nel tuo progetto sapendo che, guidandoli tutti al massimo, raggiungerai l'obiettivo fissato. Se invece il tuo obiettivo è sposare Brad Pitt o Angelina Jolie forse sei fuori strada, perché in questo caso la tua parte di responsabilità è davvero poca.

SEGRETO n. 21: un obiettivo deve essere sotto la tua totale responsabilità affinché tu possa raggiungerlo senza dipendere da altri.

Passiamo al discorso dei *vantaggi nel presente*, quarta importante caratteristica: se non hai ancora realizzato il tuo obiettivo, chiediti se per caso non hai un conflitto interiore che ti impedisce di arrivare fino in fondo; potrebbe cioè esserci qualche "vantaggio secondario" ed attuale per te nel non raggiungere l'obiettivo.

Ti faccio un esempio: decidi di voler smettere di fumare entro sei mesi. Qui l'obiettivo è formulato benissimo ed è espresso in positivo, la responsabilità è tua, vi è un lasso di tempo misurabile, però ti rendi anche conto che vi sono dei vantaggi nel presente nel non smettere di fumare, perché ti rilassa e ti serve per scaricare la tensione.

Io, da coach, devo offrirti delle garanzie, indicandoti altri metodi per ottenere e mantenere i vantaggi attuali, come ad esempio l'utilizzo di alcune tecniche di rilassamento. Queste ti permetteranno di distrarti ugualmente senza però interrompere il tuo cammino verso l'obiettivo, altrimenti non ti convincerai mai a smettere. La cosa fondamentale è che da parte tua ci sia una forte motivazione. Io ad esempio non ho interesse a lavorare con chi non è motivato, a chi non crede nelle possibilità che può offrire la Programmazione Neuro-Linguistica, e vi sono molte persone scettiche che non vogliono sapere nulla della PNL.

Proprio per evitare che queste persone ci disincentivino Anthony Robbins, durante i suoi corsi, consiglia agli allievi di non tornare a casa sbandierando quanto sia fantastico il mondo della PNL, sia per non esagerare, sia perché gli altri ti vedrebbero come un pazzo e cercherebbero di smontarti, di farti abbassare le ali per evitare che tu ti allontani troppo da loro. Questo accade perché le persone hanno paura di vederti diverso, così motivato. Ci sono molti insicuri che avranno paura di perderti e quindi cercheranno di trattenerti con i piedi ben piantati al suolo. Al contrario al ritorno a casa è più produttivo dire che hai seguito un bel corso ma che ora sei contento di essere tornato, ed intanto, silenziosamente, applica quello che hai imparato; come dice Robbins: "non mostrarlo fuori, tienilo dentro".

SEGRETO n. 22: un obiettivo deve mantenere i vantaggi secondari del presente, affinché non ci siano autosabotaggi interiori.

La quinta ed ultima caratteristica di un obiettivo è che sia *ecologico*: ciò vuol dire che il tuo proposito non deve essere in conflitto con i tuoi valori né, tanto meno, con la tua salute fisica. Se il mio obiettivo è fare il formatore e per raggiungerlo leggessi libri per 20 ore su 24 della mia giornata, dopo una settimana sarei sfinito: perché non dormirei mai e quindi perderei la mia salute, vedendo così svanire la meta stessa. A proposito di questo Robbins ci racconta la sua esperienza: "io all'inizio non mi fermavo mai, ero un treno", e tuttora lo è in realtà, "e trascuravo la mia salute. Ad un certo punto mi sono accorto che senza la salute tutto il resto viene meno".

SEGRETO n. 23: un obiettivo deve essere ecologico, cioè rispettare i tuoi valori, la tua salute e la tua etica morale.

La congruenza dell'obiettivo rispetto ai propri valori morali è così rilevante che durante il mio corso sulla leadership aiuto gli alunni ad estrapolare i loro valori e ad ordinarli per importanza. Questo li aiuta a capire per quale tipo di lavoro sono più adatti: se per qualcuno è più importante la sicurezza e la continuità, il suo traguardo dovrà essere un posto fisso che dà certezze anche se non ricchezza. Se il fine è guadagnare molto e sentirsi maggiormente libero si dovrà tendere verso la libera professione: ognuno di noi prende delle decisioni in base ai propri valori ed alla propria identità.

Ti porto l'esempio di un mio amico avvocato che ha intrapreso la professione legale con l'intento di aiutare il prossimo e far trionfare la giustizia. Il tribunale era il suo habitat naturale, il luogo ove si trovava più a suo agio, le sue prestazioni erano brillantissime. Ad un certo punto è stato in grado di aprirsi un suo studio e circondarsi di collaboratori.

Questo avanzamento di carriera lo ho intristito terribilmente perché a quel punto erano altri ad andare in tribunale al posto suo e si svegliava la mattina senza più motivazione. Lo consigliai di tornare in tribunale, perlomeno per seguire le cause più importanti, lo fece e riemerse dal suo stato di prostrazione. Questo è accaduto perché l'obiettivo che si era prefissato ad un certo punto è andato contro i suoi valori.

Una domanda abbastanza ricorrente che mi viene posta è se è possibile aggiornare il proprio obiettivo in corsa, ad esempio qualcuno mi ha chiesto: "ho previsto di raggiungere un certo traguardo lavorativo ma mi rendo conto che nel perseguire velocemente questo fine vado a sacrificare eccessivamente il tempo da dedicare alla famiglia, posso rallentare ed allungare un po' i tempi?".
La risposta è si, naturalmente, perché la PNL è pura flessibilità. Non è assolutamente un fallimento, l'obiettivo era ben strutturato,

ci si darà semplicemente un po' più di tempo e si arriverà al risultato senza creare contrasto con i propri valori morali.

Per capire meglio questi meccanismi, voglio introdurti ad alcuni esercizi, perché, come ti ho detto, la PNL è pratica. Abbiamo detto che per rendere i nostri obiettivi più vicini, più concreti è necessario scriverli, devi entrare a far parte di quel 3% della popolazione che li fissa sulla carta e di conseguenza ottiene il maggior successo.

ESERCIZIO - Prenditi cinque minuti e scrivi quelli che sono per te gli obiettivi importanti, non importa se a breve, medio o lungo termine. Controlla che rispettino i cinque punti essenziali di un buon obiettivo (Positivo, Misurabile, Responsabilità, Vantaggi Presente, Ecologico).

OBIETTIVI A BREVE TERMINE (1-6 mesi):
1) _______________________________________
2) _______________________________________
3) _______________________________________

OBIETTIVI A MEDIO TERMINE (6-12 mesi):

1) _______________________________________

2) _______________________________________

3) _______________________________________

OBIETTIVI A LUNGO TERMINE (1-5 anni):

1) _______________________________________

2) _______________________________________

3) _______________________________________

L'hai fatto? Forse hai già avuto l'impressione che scriverli significa prendersi un impegno con sé stessi, probabilmente è per questo che il 3% che lo fa riesce a raggiungerli. Ora sta a te essere coerente e darti modo di arrivare a centrare il risultato sperato.

Altrettanto importante è un altro meccanismo studiato da Richard Bandler che permette di rendere ancora più vicino, più concreto e motivante il proprio obiettivo. Egli è arrivato a dimostrare l'efficacia del metodo studiando i processi mentali di moltissime persone in presenza di particolari stati emotivi, ad esempio ansia, paura, gioia e così via.

Se per esempio il soggetto al suo studio aveva un esame a breve e manifestava apprensione, Bandler domandava: "Cosa vedi? Cosa senti? Che immagini ti scorrono nella mente?", la persona rispondeva: "mi vedo mentre sto facendo l'esame e sta andando tutto malissimo, sudo, la mia voce non esce, ho dei vuoti di memoria...". Da questo Bandler ha dedotto che il cervello è in grado di condizionare i nostri risultati, perciò se un'immagine negativa porta risultati negativi, il crearsi un'immagine positiva porta a migliori esiti. Non ci interessa il perché questo avvenga, ci interessa come arrivare al nostro risultato.

Bandler consigliò al suo allievo di far passare nella sua mente immagini in cui andasse tutto bene, e gli disse: "prova ad immaginarti mentre stai sostenendo l'esame, te la cavi ottimamente, riesci a dire tutto ciò che sai e consegui un votazione soddisfacente. Osserva tutti gli aspetti di questa scena, vivila da protagonista come fossi già lì. Come ti senti?", il ragazzo rispose: "Molto meglio, provo sensazioni completamente diverse". Con questo semplice esercizio Bandler aveva cambiato il collegamento tra l'immagine mentale e la sensazione associata. Puoi sfruttare questo meccanismo per raggiungere risultati e per eliminare paure.

Fai subito un piccolo esperimento, in modo che tu possa provarlo: pensa ad una situazione un po' sgradevole e creati l'immagine mentale conseguente, ad esempio pensa di aver davanti qualcuno che consideri non molto simpatico. A questo punto immagina di prendere questa stessa immagine ed allontanarla da te fino a che non diventi un piccolo punto scuro e lontano. Il risultato è il cambiamento delle emozioni associate. A guardare questa immaginetta lontana le sensazioni non sono più le stesse, vero?

Ora prova a fare il contrario, pensa ad un qualcosa di estremamente attraente, come l'immagine di una persona che ami, qualcosa che ti faccia sorridere, ti faccia sentire bene; ora avvicinala il più possibile a te, alla tua mente, e pensa di averla vicina, di vederla con i tuoi occhi, visualizzala come fosse un film e non un'immagine statica. Una volta cambiate queste "submodalità" la situazione diviene improvvisamente più bella, più viva, più concreta, è così non è vero?

Non conosco i motivi per cui il nostro cervello funzioni così, forse la mente si avvale di un dato metodo per catalogare ed associare le immagini e quindi qualcosa di lontano, piccolo e scuro ha un'intensità emozionale bassa, mentre qualcosa di vicino e vivido, addirittura tridimensionale, mi trasmetterà un'intensa sensazione.

Questa tecnica può essere utilizzata anche dai bambini. Io ho seguito un medico che lavorava con un bimbo spaventato da incubi notturni; per iniziare a distoglierlo da queste immagini per lui angosciose gli si è detto: "Quando arriva l'incubo sai cosa devi fare? Prendilo ed allontanane l'immagine". Il bambino, nella sua semplicità, non ha chiesto il perché, lo ha messo in pratica e basta. La mattina dopo ha confidato: "Lo sai? E' arrivato l'incubo con quel mostro però io l'ho allontanato ed è passato tutto".

Quindi con questa tecnica siamo in grado di minimizzare situazioni negative ed amplificare situazioni positive. In PNL, gestire le emozioni, lo stato d'animo e la motivazione, non significa spegnere le emozioni negative, ma imparare ad amministrarle correttamente, mentre quelle positive vanno esaltate perché siano ancor più straordinarie.

Il cervello è fatto di "neuro-associazioni": i neuroni sono legati da strade, e più volte le percorri, più divengono ampie e facili da percorrere. Quando io stesso ho provato per la prima volta queste tecniche mi è successo un qualcosa di molto interessante.

Durante il primo livello di specializzazione in PNL, il Practitioner, avevo fissato, scrivendoli, un paio di obiettivi uno dei quali era l'intenzione di cambiare casa; tuttavia, finito il corso, non ci ho più pensato. Qualche mese dopo, seguendo il secondo livello, il Master, rincontrai un mio collega del precedente corso che mi chiese se poi avessi realmente cambiato casa. Risposi di sì, ma mi stupii enormemente che lui sapesse di quella mia intenzione poiché non ci incontravamo da mesi, erano successe una serie di cose che mi avevano portato a cambiare casa, ma lui non poteva saperne nulla. Gli esternai la mia sorpresa e lui mi ricordò che questo era uno dei miei obiettivi del practitioner, sul quale avevamo lavorato insieme. Tornato a casa, curioso come sono, andai a riprendere il quaderno degli appunti di quel primo corso, e scoprii che, effettivamente, mi ero posto come obiettivo quello di cambiare casa entro un anno e che l'avevo raggiunto prima del termine previsto.

Io avevo vissuto la mia vita senza più pensarci ma avevo raggiunto ugualmente quell'obiettivo perché il mio cervello si era focalizzato su quella meta. Succede un po' la stessa cosa quando si decide di cambiare macchina: magari desideri una Mini ed, improvvisamente, inizi a vedere Mini dappertutto, poi magari scopri di avere il concessionario sotto casa e non l'avevi mai notato. Questo succede perché quando imposti il cervello sul raggiungimento di un qualcosa, ti farà notare prevalentemente ciò che ti interessa. Nel mio caso è bastato che mi fossi dato l'impostazione di esercizio durante quel primo corso per raggiungere il fine previsto senza neanche troppa fatica. L'importante è formulare bene l'obiettivo secondo la formula che abbiamo visto.

SEGRETO n. 24: la formula magica degli obiettivi ha 5 caratteristiche: positivo, misurabile, responsabilità, vantaggi del presente, ecologico.

ESERCIZIO - Puoi fare questo stesso esercizio per focalizzare il cervello sul tuo obiettivo anche da casa; la procedura è molto semplice: si parte dallo stato attuale, cioè dove si è adesso, si fissa l'obiettivo e si decide un tempo per realizzarlo che può essere breve, medio o lungo.

A questo punto immagina mentalmente di averlo già realizzato; immagina proprio un film dove tu sei il protagonista e hai appena realizzato il tuo obiettivo. Poniti in maniera *dissociata*, cioè osserva la scena dall'esterno come se non stessi vedendo dai tuoi occhi in prima persona, ma guardando te stesso da fuori che gioisci; poi entra nel film e poniti in maniera *associata*, cioè ora sei tu che agisci, sei tu che constati con i tuoi occhi di aver raggiunto la tua meta: senti le sensazioni di felicità e soddisfazione per aver raggiunto il tuo obiettivi. Poi di nuovo esci dalla scena ponendoti in maniera *dissociata*, di nuovo guardandola come se non la vivessi in prima persona.

Questo serve per darti maggiore motivazione, perché l'aver provato la sensazione bellissima del centrare l'obiettivo, ti motiva a perseguirlo con maggiore lena.

Poi immagina di tornare dal momento in cui hai raggiunto l'obiettivo al presente di oggi, come se riavvolgessi indietro un nastro: in questo modo è come se sapessi già cosa devi fare, perché puoi vivere mentalmente tutti i passaggi che ti porteranno alla tua meta e diventa tutto più semplice.

Riepilogando:

1) stabilisci il tuo obiettivo secondo le regole della buona formulazione.

2) immagina mentalmente di averlo già raggiunto in quel momento del futuro.

3) visualizzati dall'esterno (dissociato) mentre hai raggiunto l'obiettivo: cosa vedi? Cosa senti? Cosa provi?

4) visualizzati dall'interno (associato) mentre ti godi l'obiettivo e vivi le sensazioni di soddisfazione.

5) visualizzati di nuovo dall'esterno (dissociato) mentre hai raggiunto l'obiettivo.

6) Immagina di tornare al presente, ripercorrendo all'indietro tutti quegli eventi che ti hanno portato a raggiungere il tuo obiettivo.

Ora che hai visto, scritto e sentito i tuoi obiettivi, ti rendi conto che non esistono persone poco motivate ma solo obiettivi poco motivanti? Se individui gli obiettivi giusti, li senti, li vivi tramite le tecniche di PNL, ti sveglierai la mattina con una carica totalmente nuova e diversa. Questo accade perché il nostro cervello funziona molto per immagini, per sensazioni, per dialoghi interiori con noi stessi; se ci manca un obiettivo, una direzione da seguire, il nostro cervello non avrà nulla da comunicarci. Al contrario se noi lo indirizziamo verso un risultato, diverrà il nostro migliore alleato nella tensione a raggiungerlo.

Quando nei miei corsi parlo di <u>gestione del tempo</u> spesso mi sento chiedere: "come posso gestire il tempo, come faccio a dire di no agli altri?". La verità è che quando si hanno obiettivi chiari e ben definiti, quando si hanno mille cose da fare e l'agenda piena dal mattino alla sera, nessuno può interferire in questa sequenza di impegni. Siamo quindi costretti a dire di no affinché nessuno blocchi il nostro avanzamento verso l'obiettivo.

Robbins dice: "se noi non ci costruiamo un nostro destino, qualcuno ci includerà nel suo, qualcuno ci metterà nei suoi piani".

RIEPILOGO DEL GIORNO 3:

- SEGRETO n. 17: non esistono persone demotivate, ma solo obiettivi poco motivanti.

- SEGRETO n. 18: gli obiettivi vanno formulati partendo dal tuo Stato Attuale e arrivando al tuo Stato Desiderato.

- SEGRETO n. 19: un obiettivo deve essere espresso in positivo per aiutare la mente a focalizzare e visualizzare il risultato.

- SEGRETO n. 20: un obiettivo deve essere misurabile per verificarne con dati concreti il cammino e il raggiungimento.

- SEGRETO n. 21: un obiettivo deve essere sotto la tua totale responsabilità affinché tu possa raggiungerlo senza dipendere da altri.

- SEGRETO n. 22: un obiettivo deve mantenere i vantaggi secondari del presente, affinché non ci siano autosabotaggi interiori.

- SEGRETO n. 23: un obiettivo deve essere ecologico, cioè rispettare i tuoi valori, la tua salute e la tua etica morale.

- SEGRETO n. 24: la formula magica degli obiettivi ha 5 caratteristiche: positivo, misurabile, responsabilità, vantaggi del presente, ecologico.

Giorno 4: Autostima

Il terzo pilastro è l'autostima. In PNL si dice: "tutto ciò che l'uomo può pensare, lo può anche realizzare". Come puoi notare è una frase che, in fondo, ha sempre a che fare con la motivazione, con gli obiettivi, od anche con le convinzioni che abbiamo circa ciò che possiamo realizzare nella nostra vita.

Le *convinzioni* sono alla base della nostra autostima. Credere in se stessi, convincersi di valere come persone, abbandonare la convinzione di essere timidi o insicuri: tutto ciò determina la propria autostima.

SEGRETO n. 25: la tua autostima dipende dalle tue convinzioni su te stesso e sul mondo che ti circonda.

Le convinzioni sono anche alla base del nostro carattere, del nostro modo di vedere le cose e di comunicare. Quindi, ad esempio, potrò imparare tutte le tecniche che voglio, ma se sono convinto che una data persona mi è antipatica o che non mi vuole bene, non riuscirò a comprenderla ed a ricalcarla.

Riporto qui una frase di Napoleon Hill, che è vissuto qualche decennio fa, quindi prima della strutturazione della PNL, ma è ampiamente citato da Robbins e da altri autori. Egli afferma che se un uomo può concepire una cosa nella sua mente, esiste sempre un modo per raggiungerla e per realizzarla. E se il *perché* è abbastanza forte, allora il *come* non è mai un problema.

Oggi, per esempio, io non penserei mai di diventare un politico di successo: però magari, se mi ci impegnassi, potrei riuscirci. Difatti solo alcuni anni fa, da timido, da persona non molto sicura, non avrei mai pensato di poter un giorno diventare un formatore, né tanto meno di diventare un guru della seduzione, eppure è successo: quindi se concepisci un progetto, ritenendolo in qualche modo realizzabile, hai ottime possibilità di concretizzarlo, altrimenti è quasi certo che resterà tale.

Se io dico: "no...tanto non ce la posso fare", cosa succede? Non mi impegno, non ci provo neanche, perché tanto so di non poter arrivare alla meta desiderata, quindi si innesca un circolo vizioso per cui otterrò risultati scarsi, la mia autostima andrò sottozero, e finirò nel più totale insuccesso.

Fortunatamente a Bandler è venuto in mente di utilizzare in positivo questo efficace meccanismo. Ha capito che, se è vero che dire "non ci riesco", ci porta quasi sicuramente all'insuccesso, dire: "ce la posso fare", ci candida al raggiungimento del nostro obiettivo. Si trasforma il ciclo negativo in positivo per arrivare al risultato sperato.

Vediamo come funzionano le convinzioni (o credenze). Immagina di partire da una credenza potenziante o limitante che hai su di te. Io, ad esempio, potrei dire con convinzione di essere un ottimo formatore: lo penso, non so se sia oggettivamente vero, però questo mio atteggiamento mentale va ad influire comunque sulle mie performance.

La mia convinzione potenziante di essere un ottimo formatore mi permetterà di accedere a risorse come la sicurezza, la determinazione, la capacità di comunicare entusiasmo e motivazione.

E le mie azioni saranno la conseguenza. Entrerò in aula con sicurezza, sarò visibilmente entusiasta ed in grado di trasmettere entusiasmo ad altri e formerò con efficacia: avrò trasmesso loro la mia convinzione e i miei risultati saranno così soddisfacenti che sarò sempre più sicuro della mia convinzione, chiudendo così il ciclo. Ecco lo schema del ciclo del successo:

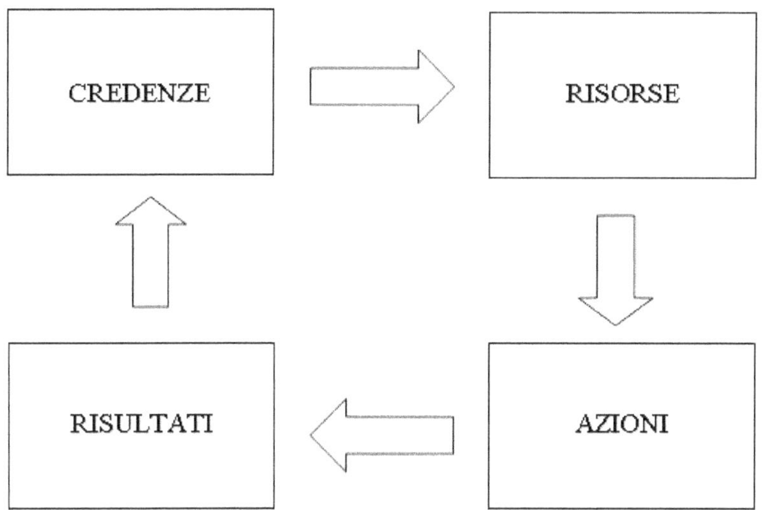

Se ero già convinto di essere un ottimo trainer ora lo sarò ancora di più e avrò accresciuto la mia autostima. Qual è il segreto di questo meccanismo? Partire da una convinzione potenziante, perché da quel punto di partenza in poi non posso che migliorare.

SEGRETO n. 26: le tue convinzioni si confermano da sole in un ciclo: credenze > risorse > azioni > risultati.

Le convinzioni sono un pilastro della PNL, perché ne rispettano il metodo di valutazione: la convinzione non è mai vera o falsa, giusta o sbagliata, ma limitante o potenziante: non funziona o funziona. Io non so se davvero sono un buon trainer; so con certezza di essere un formatore preparato, che conosce capillarmente la materia che insegna e che ha voglia di migliorare sempre più. Se invece io, pur essendo preparato, non ho alcuna fiducia in me e nelle mie capacità, non ti trasmetterò sicurezza, ti renderò dubbioso sulle tecniche e non darai seguito alle mie parole.

Pensa all'addetto al telemarketing che si sente un pessimo venditore: se è realmente convinto di questo fallirà, anche se il suo è un ottimo prodotto, perché si porrà in relazione con il cliente con un atteggiamento scoraggiante, ed il cliente non comprerà. Più questo accade, più il venditore rinforzerà la sua convinzione di non essere un buon commerciale. Quindi non solo farà in modo che in molti gli rispondano di no a causa del suo atteggiamento, ma resterà fermo nella sua convinzione anche se, ad esempio, riesce a chiudere positivamente metà delle telefonate che fa in una giornata: vedrà il bicchiere sempre mezzo vuoto.

Succede l'esatto contrario per chi è convinto del proprio valore: per lui il bicchiere è sempre mezzo pieno, e cinque su dieci sono un ottimo risultato, per cominciare.

Pensa alle convinzioni che hai su di te: da cosa ti derivano? Dai ricordi che discendono dalle tue esperienze di vita? Ma rifletti su un punto molto importante: quelle esperienze le hai volute tu, proprio perché ne eri convinto. Le convinzioni sono cioè sia la causa che l'effetto di quelle esperienze.

Io potrei dimostrarti che tu possiedi altrettante situazioni di vita in cui ti sei comportato in modo totalmente diverso. Eppure non lo ricordi o non gli dai importanza perché queste esperienze smentirebbero le tue convinzioni. In psicologia questo fenomeno si chiama "dissonanza cognitiva", cioè ignoriamo tutto ciò che va contro le nostre idee.

Lo dico per esperienza, perché ho lavorato sulla mia convinzione di essere timido. Ad un certo punto mi sono chiesto se fossi veramente timido, ho cercato la risposta dentro di me, ed ho capito che questa convinzione derivava da mille aspetti: genitori che mi avevano sempre definito come tale, così la maestra ed in genere tutti coloro che mi circondavano, ed io stesso non avevo piacere ad approcciare nessuno. Avevo mille conferme, ma le avevo create io senza saperlo, in conseguenza della mia stessa convinzione.

Accade questo infatti. Magari una volta qualcuno ha affermato: "Giacomo è un bambino timido". E io, da bimbo, assorbivo ogni spunto che mi proveniva dagli adulti che erano accanto, senza essere in grado di farlo passare al vaglio critico della ragione, e quindi pensavo che questa fosse una verità inconfutabile.

Di conseguenza negli anni mi convinco di essere timido: "se lo dicono i grandi è certamente la verità". Mi chiudo sempre più, poiché, sin dalla più tenera età, sono totalmente convinto di essere timido: prima all'asilo e poi alle elementari, non mi relaziono con nessuno, e pian piano vado a costruirmi le esperienze che possono confermare la mia convinzione, così arrivo all'età di venti anni con una lunga scorta di esperienze che confermano la mia idea.

Ad un certo punto però sento la necessità di reagire a questa situazione: mi chiedo se davvero sono sempre stato timido, ed iniziano ad affiorare alla mente alcuni ricordi che smentiscono la mia convinzione. Ricordo la volta in cui, durante una festa di fine anno scolastico, recitai una poesia a memoria di fronte a tutta la scuola e mi chiedo: "se da bambino mi sentivo tanto sicuro di me da poter recitare un brano in pubblico, come posso pensare di non poterlo fare ora che sono adulto?".

E così via. E nel tempo mi sono venute in mente molte altre occasioni in cui mi sono esposto con successo, sino a che il mio cervello mi ha portato nella direzione di superare la mia timidezza. E' sufficiente focalizzarsi sull'obiettivo che ci interessa per raggiungerlo con successo. Io avevo un obiettivo da raggiungere, volevo fare il formatore, e sapevo che la convinzione di essere timido non mi aiutava e che era, anzi, fortemente limitante. Ho detto a me stesso: "bene, cambiamo questa convinzione", e l'ho fatto.

SEGRETO n. 27: le convinzioni sono una tua costruzione basata sulle tue esperienze o sulla tua cultura: non conta se vere o false, ma solo se potenzianti o limitanti per il tuo successo.

Tra poco ti illustrerò un modo per smontare una convinzione in cui non ti riconosci più, e della quale, quindi, ti vuoi liberare. Capire che le convinzioni sono solo una costruzione mentale è importante, anche perché su di esse si basa l'intera nostra esistenza. Pensa solo alla forza che hanno le convinzioni culturali; pensa ad Hitler che ha plagiato un'intera nazione convincendola di essere la "razza eletta".

Pensa all'effetto placebo. Se non lo sai, si tratta di un effetto psicologico, che funziona così: una persona lamenta un malessere, il medico le dà una pasticca alla menta facendola passare per l'ultimo ritrovato contro il mal di testa, che magari viene dall'America; la persona la prende con fiducia e, come per magia, inizia a sentirsi sempre meglio, finché le passa tutto. Miracolo? No, convinzione, suggestione. Il paziente è talmente convinto che quella sia la pasticca giusta per il malessere che lo opprime da farsi passare il mal di testa, funziona.

Pensate che il placebo è il "ritrovato" più studiato al mondo, perché ogni nuova medicina viene testata contro di esso per verificare che la guarigione non sia solo un effetto provocato dalla suggestione, e poi si paragonano i due livelli studiati. Dopodichè all'efficacia della medicina va sottratta quella del placebo. Quindi per ogni medicina, tanto studio c'è sull'effetto puramente chimico di essa, tanto studio c'è sulla suggestione provocata dal placebo.

Quando Bandler lavorava con Robert Dilts, i due avevano deciso di lanciare sul mercato un medicinale dal nome Placebo: si trattava in realtà solo di pasticche di zucchero ed i due autori ne prevedevano l'uso contro le malattie più comuni e varie, dal mal di testa alla depressione, anche se poi, per ovvi motivi, non è stato loro possibile metterla in produzione.

L'effetto placebo resta comunque un esempio molto suggestivo di come può lavorare la suggestione sulla nostra psiche. Forse meno noto è l'effetto nocebo, contrario e speculare al placebo. Ad esempio, se io propongo ad alcuni miei amici di uscire a cena, e poi a conclusione di serata inizio a dire: "oddio, lo sai che mi sento male? Deve avermi fatto male qualcosa che ho mangiato...", improvvisamente la maggior parte delle persone comincerà ad accusare fastidi: "ma, sai che anch'io ho un po' di acidità di stomaco? Probabilmente abbiamo mangiato qualcosa di avariato", e questa idea comincerà a diffondersi.

Altra famosa suggestione riguarda il limite nella corsa del miglio: negli anni '50 era considerato impossibile correre il miglio in meno di quattro minuti, e di questo si erano date addirittura spiegazioni scientifiche. La medicina aveva addirittura sentenziato che nel tentare l'impresa il cuore rischiava di scoppiare. Fatto sta che un atleta, tale Roger Bannister, dopo essersi sottoposto ad un intenso allenamento, riuscì finalmente a scendere sotto i 4 minuti. La notizia fece il giro del mondo ed in meno di un paio di anni altri 300 atleti riuscirono a superare quel limite fino ad allora considerato impossibile da bruciare. Evidentemente mancava il giusto impegno, la giusta spinta emotiva per riuscire.

Il mondo è pieno di esempi che ci illustrano come le convinzioni hanno influenzato la nostra vita, convinzioni che spesso ci sono state trasferite dalla cultura. Vi sono contesti in cui la morte viene considerata un avvenimento felice, meritevole di essere festeggiato. Robbins, in un suo libro, ci racconta che alcuni tour operator organizzano viaggi alle isole Fiji o alle Hawaii, annoverando, tra le possibili escursioni, la possibilità di assistere ad un funerale locale. Qui la morte si festeggia perché si considera l'anima finalmente liberata dal corpo e pronta per partire verso un aldilà bellissimo, ed anzi il pianto è considerato sinonimo di egoismo perché chi piange è qualcuno cui quella persona manca e la vorrebbe ancora qui con sé così ostacolando la piena felicità del defunto.

Pensa a come la cultura ci trasmette delle convinzioni, ad esempio sui soldi. Che convinzioni hai sui soldi? Lo sai che esse potrebbero sabotare le tue imprese, la tua possibilità di arrivare alla libertà finanziaria? Molti di noi non sanno di avere delle convinzioni sul soldi.

Quando ho fatto il corso di <u>ricchezza</u> si è parlato di convinzioni: molte persone hanno espresso delle credenze molto forti, ad esempio: "i soldi sono sporchi", oppure: "Non si può diventare ricchi senza rubare", ancora: "i ricchi sono egoisti, rubano, sono soli o circondati di persone invidiose". Si tratta di convinzioni di cui non si è consapevoli. Pensa ai personaggi dello spettacolo che si sposano, poi dopo 6 mesi divorziano, poi si risposano, poi divorziano. Ti viene da pensare che quando sei troppo ricco e famoso non puoi funzionare in una vita normale. Hai i paparazzi che ti cercano e ti rendono la vita difficile. Vorresti essere, per esempio, un cantante famoso che va in giro assediato dai fans? Sì, magari non ha problemi finanziari, ma a che prezzo?

Ognuno sceglie in base alle proprie convinzioni, sia consce che inconsce. Può infatti capitare di decidere in base a convinzioni che non sappiamo neppure di avere. Ad esempio, ai tempi della scuola, gli insegnanti mi avevano convinto di esser particolarmente capace in matematica. Certo un fondo di verità c'era senz'altro, ma io mi sono trovato a ripetermelo sempre, tanto che come facoltà universitaria ho poi scelto ingegneria. Una volta intrapreso il corso degli studi però, mi sono accorto di non amare particolarmente questa materia, quindi l'ho scelta anche in base a condizionamenti altrui.

Ora, fino a che ci inculcano convinzioni potenzianti questo può anche esser buono: "sei bravo in questo, sei portato per questo", il problema è quando queste sono limitanti. Io ho incontrato non so quanti bimbi rovinati da suggestioni di questo genere: "tu non sei portato per la matematica, l'italiano, il latino", od altro.

L'insegnante, il genitore o chi per loro, non si rende conto che da quella convinzione negativa e limitante che stanno inculcando nel bimbo dipenderà poi tutta una serie di decisioni che influenzeranno la sua vita, e tutto questo in base all'opinione, spesso superficiale, di qualcuno con cui vive o che ha incontrato.

Questa cosa è accaduta anche al mio collega di università, il quale, durante uno dei primi esami è stato apostrofato in questo modo dal professore: "tu non sei portato per l'ingegneria, certo non farai mai l'ingegnere", che dire? Non è certo un buon modo per cominciare un corso di laurea, tra l'altro così difficoltoso. Probabilmente i docenti hanno anche il compito di operare una selezione, ma mi permetto di criticare il modo.

Restando in argomento, so che in America è stato fatto un esperimento avente ad oggetto i modelli comportamentali di due classi di alunni e due insegnanti, uno per classe. Il responsabile dell'esperimento affidando per il periodo di un anno le classi ai due insegnanti, ha detto loro: "questo gruppo di alunni è composto da geni, mentre quest'altro da ragazzi con problemi di apprendimento".

In realtà entrambe le classi erano composte da alunni con un quoziente intellettivo perfettamente nella media, però la premessa serviva per creare un condizionamento nei due insegnanti. A fine anno entrambe le classi vennero sottoposte ad alcuni test. I risultati dimostrarono che i ragazzi considerati meno capaci erano divenuti ancora meno recettivi all'apprendimento, i ragazzi considerati geni erano realmente migliorati in maniera eccezionale.

Cosa era capitato? Che l'insegnante che aveva la classe più "difficile", convinta della stentata capacità di apprendimento dei suoi alunni non si impegnava più di tanto a rispiegare più e più volte un argomento, perché era certa di non approdare a nulla. Al contrario l'insegnante cui era stata affidata la classe dei "geni", spiegava ad oltranza finché i concetti non venivano recepiti perché, essendo geni, non potevano non capire…

Certo, che abbiano fatto degli esperimenti su ragazzi veri a parer mio è piuttosto raccapricciante, però è stato raggiunto il risultato di dimostrare quanto le convinzioni possano influenzare la tua vita.

Diversi anni fa ho seguito un corso sul modo di investire in Borsa e in quell'occasione ricordo di aver notato che, invece di attaccare immediatamente il cuore dell'argomento, il docente ci ha voluto introdurre prima di ogni altra cosa alle convinzioni che esistono sugli investimenti. Tra i vari interventi ci fu anche il mio, che affermai: "io sono convinto che non si può vincere in

Borsa, poiché un mio amico che gioca da sempre non fa che perdere. Non conosco nessuno che vince. Credo sia tutta una montatura, gli unici a vincere sono gli intermediari, che prendono il 2 per mille su qualsiasi movimento. La Borsa, poi, non fa che scendere da mesi".

Il docente utilizzò con me la "tecnica del tavolo" che Anthony Robbins insegnava ai suoi corsi per smontare le convinzioni. E mi disse: "prendete in considerazione una vostra convinzione e paragonatela ad un tavolo: il piano è la convinzione stessa, le gambe simboleggiano le esperienze di vita su cui poggia. Se sei convinto che non si può vincere in Borsa è perché hai dei riferimenti a dimostrartelo che prendi per veri". Poi passò ad analizzare e smontare, uno ad uno, i sostegni su cui poggiava la mia convinzione: "sappiamo che il tuo amico perde, ma mi chiedo: è formato per investire in Borsa?", dissi: "no, al massimo avrà agito consigliato dalla sua banca...", e lui: "ah, ho capito. Forse insegna materie finanziarie o si occupa di economia, di investimenti?", scossi il capo: "ah, okay, ma dimmi, tu impareresti a sciare da uno che non lo sa fare?".

Cosa mi voleva dire il docente con questa sua riflessione? Che la motivazione è alla base della PNL, ma che si nutre anche di una buona preparazione di base, che anzi ne costituisce le fondamenta. Se io, che sono anche molto motivato a formarti, non ho però una buona preparazione, rischio non solo di non prepararti adeguatamente, ma anche di fare la figura del fesso.

In realtà il mio amico perdeva fondamentalmente perché era impreparato. E con questo distrusse la prima gamba della mia convinzione, poi passò alla seconda: "nessuno vince". "Se è vero che il tuo amico perde è altrettanto vero che qualcuno, per legge di mercato, corrispondentemente vince quindi in Borsa si può anche vincere. Sei d'accordo?". Ero d'accordo. Mi concesse giusto che gli intermediari guadagnano sempre qualcosa con le commissioni.

Sul mio argomento per cui "la Borsa non fa che scendere", disse: "guarda il telegiornale, gli indici sono sempre negativi, è un anno che va così. Ma da oggi tutto andrà diversamente perché io ti insegnerò che anche quando la Borsa scende o è ferma tu puoi guadagnare tantissimo". Rimasi a bocca aperta, continuò:

"esistono moltissime strategie per raggiungere questo risultato, ad esempio puoi guadagnare al ribasso, ci sono le opzioni, e molto altro". La mia convinzione perse tutte le gambe e svanì per sempre.

Esattamente al contrario, si può anche creare una convinzione da zero. Ad esempio, non penso più che giocare in Borsa non mi porti a niente? Bene, allora voglio convincermi che anzi si può guadagnare bene, anche fino al 100% dell'investimento in un anno. Se cerchi in internet le imprese dei maggiori e più capaci investitori, scopri che c'è chi fa +400% all'anno, e c'é chi in dieci anni ha totalizzato oltre il 10.000%. In questo modo trovo le informazioni che fondano la mia nuova convinzione e la rendono solida.

Utilizzando la metafora della convinzione come tavolo e seguendo le indicazioni di Robbins, sono riuscito anch'io nell'intento di superare la mia timidezza. Prima di tutto mi sono chiesto quali fossero i miei riferimenti, e mi sono detto: "Beh, timido e chiuso in me stesso lo sono sempre stato e poi i miei me lo hanno sempre detto".

In realtà la chiusura nei confronti del mondo, non era la causa bensì la conseguenza della mia credenza di essere timido. Questo accade nella stragrande maggioranza dei casi. Pensaci, se una storia è andata male e la sua conclusione ti ha fatto soffrire, sei portato a pensare che il genere umano sia inaffidabile nei rapporti interpersonali; se hai avuto un collega disonesto, penserai che è impossibile creare con qualcuno, sul posto di lavoro, un rapporto di lealtà e fiducia. Magari si tratta di una sola esperienza, quindi un unico pilastro, ma molto solido poiché ti ha coinvolto molto a livello emozionale.

In questo caso opera un meccanismo denominato *generalizzazione*, cioè prendo ad esempio la mia esperienza e mi convinco che è l'unica possibile. Quindi procedo alla *cancellazione*, di tutte le esperienze diverse dalla mia e positive, che potrebbero distogliermi dalla mia convinzione. Infine, se vedo coppie felici che passeggiano, tenderò a pensare: "certo prima o poi si lasceranno!": questa è chiamata *distorsione*. E' creata dalla nostra mente che si adopera per adattare la realtà alle nostre convinzioni, cancellando o distorcendo tutte le esperienze contrarie al nostro modo di vedere le cose.

Lo studio di tali meccanismi ci permette di capire come costruiamo le convinzioni a partire dalle nostre esperienze. Ma spesso le convinzioni ci vengono anche trasmesse da altri, siano essi un genitore, un'insegnante o la cultura. Ti faccio di questo un esempio emblematico: giorni fa ero con mia moglie in cucina, si doveva lessare una verdura ed io mi apprestavo a mettere l'acqua calda nella pentola. Mia moglie mi ha fermato asserendo che, per questa verdura in particolare, l'acqua va messa fredda e poi scaldata sul fuoco. Le chiesi perché e lei rispose che aveva sempre visto far così dalla madre. Quindi, risalendo la corrente, chiesi spiegazioni alla madre, la quale mi rimandò alla nonna che mi spiegò che ai suoi tempi metteva acqua fredda perché non esistevano gli scaldabagni.

Quindi questa convinzione, fondata sul nulla, o meglio sulla mancanza di adeguati scaldabagni tanti decenni fa, si era propagata attraverso le generazioni fino ad arrivare a me che a mia volta l'avrei trasmessa a qualcun altro se non mi fossi impuntato per conoscerne il fondamento. C'é una spiegazione per qualsiasi cosa, quindi attenzione alle convinzioni trasmesse da altri.

SEGRETO n. 28: una volta compreso il meccanismo delle convinzioni, puoi trasformare quelle limitanti in potenzianti.

ESERCIZIO - Ti invito a scrivere 5 convinzioni potenzianti della tua vita, cioè cinque convinzioni positive, gradevoli, come ad esempio: "sono una persona molto determinata, che quando si prefigge un obiettivo lo raggiunge, mi trovo bene con i bambini, vado d'accordo con i genitori, sono un bravo figlio, sono un bravo genitore...". Poi annota 5 convinzioni limitanti, come ad esempio: "io non sono particolarmente capace, sono un po' timido, insicuro...", poi ci torneremo su.

5 CONVINZIONI POTENZIANTI:

1) ____

2) ____

3) ____

4) ______________________________

5) ______________________________

5 CONVINZIONI LIMITANTI:

1) ______________________________

2) ______________________________

3) ______________________________

4) ______________________________

5) ______________________________

Sicuramente ti sei reso conto, durante la lettura di questa guida, di quanto le convinzioni siano importanti, dell'importanza di capirne il funzionamento cercando profondamente in te stesso. Abbiamo visto che spesso ci facciamo condizionare da quelle degli altri, ma dobbiamo evitarlo perché la vita è una e va vissuta pienamente.

Anthony Robbins è stato in grado di prendere in mano la sua vita e cambiarla completamente, scrollandosi di dosso tutte le convinzioni. Era giunto, all'età di 17-18 anni, alle soglie dell'obesità, era povero al punto da non saper dove andare a dormire, era arrivato ad un tal punto di dolore da doversi muovere in qualche modo, quindi si disse di aver toccato il fondo e di volere a tutti i costi voltar pagina.

Per poter passare dallo stato attuale allo stato desiderato, dobbiamo agire, spinti non solo dal voler fuggire dal dolore, ma soprattutto dal voler raggiungere il piacere. Robbins basa la sua metodologia per cambiare le convinzioni proprio sull'alternanza *piacere/dolore*, affermando: "se vuoi cambiare una tua convinzione e crearne una nuova, associa dolore alla vecchia e piacere alla nuova".

Prova a riflettere: quanto ti è costato essere timido per decine di anni? Quanto dolore ti ha provocato? Quante persone non hai conosciuto? Quante esperienze potenzialmente piacevoli ti sei negato? E continua ad associare dolore a questa vecchia convinzione. Associa dolore a quelle 5 convinzioni limitanti di cui ti vuoi liberare per sempre…

E poi pensa: "se fossi stato sicuro quanto bene, quanto piacere ne avresti avuto? E se cominciassi ad esserlo da ora, come potrebbero migliorare le tue relazioni? Come potrebbe cambiare in meglio la tua vita?". E assapora da subito il piacere di avere la nuova convinzione potenziante: è molto importante imparare a gestire le convinzioni e farlo in maniera veloce.

Richard Bandler dice: "la PNL è così efficace perché lavora su meccanismi che già esistono in noi", non c'é nulla di nuovo.

Molte convinzioni sono già presenti in noi, la PNL ci aiuta a rendere più pronte ed efficaci le potenzianti e a eliminare le limitanti. E' una questione di efficacia e velocità. In questo senso Bandler ha scoperto una tecnica in grado di curare in soli cinque minuti qualsiasi fobia, laddove spesso la medicina tradizionale impiega anni per raggiungere il medesimo risultato. Bandler, a questo proposito, asserisce che: "seppure si impiegano anni a curare un paziente dalla sua fobia, il vero cambiamento della convinzione avverrà in lui negli ultimi cinque minuti dell'ultima seduta", questo vuol dire che il cambiamento o avviene in maniera veloce, nel momento stesso in cui decidi di attuarlo, o non avviene affatto.

Io potrei dire: da questo momento voglio far finta di non essere più timido, ma anzi, molto sicuro di me, come è già capitato in qualche occasione nella mia vita. Inizio per gioco e continuo a comportarmi come se davvero fossi sicuro di me. Quindi lo faccio oggi, lo faccio domani fino a che non mi convinco di essere una persona sicura, ed i risultati che ottengo mi confermano che è così, perché gli altri mi vedono diverso, sicuro di me, quindi migliora la mia vita sociale e professionale, cresce la mia autostima ed entro in un circolo virtuoso che mi porta al successo.

Datti da fare nel settore che per te è più importante, mettici passione. Per me in quel momento era essenziale potenziare la componente personale, quindi mi sono concentrato su di essa, per poi passare alla componente professionale. Il bello della PNL è che è soggettiva e quindi sta a te decidere come, in che modo applicarla.

ESERCIZIO - Ora torniamo alla lista di 5 convinzioni potenzianti e 5 limitanti che hai scritto poco fa. Smontiamo una o più delle tue convinzioni limitanti. Disegna il tavolino che, come ti dicevo prima, simboleggia la tua convinzione, e, come gambe, indica le esperienze che la sorreggono.

Anche se nel disegno le gambe sono solo quattro, scrivi tutti, nessuno escluso, i riferimenti che hai per quella convinzione, in modo tale da eliminarli tutti, altrimenti, a livello inconscio, non sarai pienamente convinto del cambiamento.

Pensa a quante convinzioni hai smontato nella tua vita: ad esempio, sei ancora convinto che Babbo Natale esista? Io sì. Comunque se tu non ci credi più questa è una buona dimostrazione di come le tue convinzioni possano cambiare nel corso del tempo. Nello scrivere i riferimenti smontali uno ad uno. Se hai un amico con cui fare l'esercizio, appena finito confronta il tuo tavolo con quello del partner ed aiutatevi l'un l'altro a smontare ogni riferimento alla convinzione limitante.

Potrai renderti conto di trovare alcuni riferimenti talmente veritieri e reali da avere molta difficoltà a smontarli, perché magari su di essi hai basato l'intera tua esistenza. Non ti scoraggiare, non è facile dire addio alle convinzioni. L'importante è fare un primo passo verso la soluzione del tuo problema. Se un riferimento è vero non per questo a tutti i costi la convinzione deve essere vera, per cui se io mi sono comportato da timido per tutta la mia esistenza, non vuol dire assolutamente che la timidezza sia parte integrante della mia indole.

In PNL comportamento ed identità sono due cose ben distinte, quindi se mi comporto in un certo modo, non vuol dire che la mia identità corrisponda del tutto a quel comportamento.

Sappi che questo è uno dei mezzi più efficaci per smontare una convinzione. Certe volte facendolo ci si rende anche conto di non poter fare a meno di quella data convinzione limitante, perché magari ci è utile in qualche modo nel presente e quindi non è il caso di eliminarla del tutto. Questo è uno dei motivi per cui siamo restii al cambiamento: intervengono ad ostacolarci meccanismi inconsci. Ad esempio se affermo di essere un perfezionista, potrei rendermi conto che questa convinzione non ha motivo di essere eliminata del tutto perché non è male essere perfezionisti, vuol dire essere precisi ed attenti nelle proprie attività.

Alcune caratteristiche, quindi, hanno una doppia valenza, un duplice significato a seconda del punto di vista da cui la osservo. Se poi però il mio perfezionismo mi porta all'estremo della fobia, allora dovrò tentare quantomeno di riportarlo a livelli di normalità. Facendo questo esercizio può anche capitare che, al posto dei riferimenti riguardanti le proprie esperienze, si indichino altre convinzioni. Ad esempio se affermo: "non si vince in Borsa" e tra i riferimenti scrivo: "nessuno vince in Borsa perché è tutta una manipolazione", ho indicato un'ulteriore convinzione a sostegno della prima. Cioè l'idea della manipolazione non è un vero riferimento, non corrisponde ad una mia esperienza, ma a sua volta è una ulteriore convinzione che avrà dei suoi ulteriori riferimenti. Questo vuole dire che non è facilmente cancellabile come un'esperienza, ma avrà a sua volta altre esperienze a sorreggerla, perciò dovrò prima procedere ad eliminare le esperienze che sorreggono la seconda convinzione per poi arrivare alla prima.

Durante un mio corso un allievo rilevava che se è vero che è possibile smontare convinzioni limitanti, allo stesso modo si può procedere con le potenzianti, tanto da doversi chiedere se ci sia qualcosa di oggettivamente vero. In realtà ogni nostra convinzione, potenziante o limitante, è comunque una generalizzazione. Tuttavia, anche se so benissimo che non c'é una verità effettiva ed oggettiva dietro le mie convinzioni, io ho interesse a plasmarle ad arte per migliorare la mia vita. E' questione di efficacia e di obiettivi. E di atteggiamento mentale.

L'atteggiamento mentale che voglio tirar fuori da te è quello stesso atteggiamento di apertura, di curiosità, di vivace attenzione nei confronti delle altre persone che Richard Bandler predica sin dagli anni '70, agli albori della creazione della PNL.

SEGRETO n. 29: La PNL è atteggiamento mentale di apertura, di curiosità, di vivace attenzione nei confronti delle altre persone.

Egli stesso durante un corso mi ha spiegato così il suo atteggiamento: "Agli inizi della PNL io andavo negli ospedali psichiatrici a studiare le persone e tentare di risolvere alcune situazioni. Riuscivo ed anzi, nell'osservare l'applicazione delle tecniche degli altri terapeuti, li avevo superati in capacità. Spesso li sfidavo chiedendo loro di affidarmi i casi più irrisolti e spinosi che avessero.

Mi condussero una volta da uno schizofrenico convinto di essere Gesù Cristo e, dopo avermi detto che non era particolarmente pericoloso, mi confessarono di averle provate tutte con lui e di non essere approdati a nulla. L'uomo mi disse: "ciao figliolo cosa vuoi?", risposi: "ciao Gesù, volevo conoscerti, ho sentito tanto parlare di te. Sai, io sono una persona molto religiosa e tenevo molto ad incontrarti", "bene figliolo, anch'io sono contento!". Gli annunciai che mi sarei allontanato un paio di minuti per fare qualcosa. Mi chiese cosa andassi a fare, gli risposi: "andiamo, non puoi non saperlo, tu sei Gesù!". Tornai di lì a poco con un metro da sarto ed iniziai a prendergli le misure mentre mi guardava sempre più perplesso. Quando ebbi terminato gli comunicai che l'indomani sarei tornato. Prima di uscire mi chiese: "pensi di farmi un vestito nuovo?", risposi: "tu sai certamente cosa voglio fare, stai tranquillo, è solo il tuo destino".

Tornai l'indomani nella sua stanza con due grosse assi di legno sulle spalle, le posi a terra in forma di croce e con un grosso martello iniziai a fissarvi dei chiodi lunghi e robusti. Iniziò a spaventarsi, tanto che mi chiese: "ma cos'é questa roba?", gli risposi, esattamente come avevo fatto il giorno precedente, di star tranquillo, che in fondo quello era solo il suo destino. Poi iniziai a riflettere ad alta voce su quanto dovessero far male quei chiodi conficcati nella carne e…al colmo dello spavento il mio paziente corse via urlando 'Non sono Gesù. Non sono Gesù. Sono solo un pazzo!'…"

Quindi che atteggiamento ha Bandler? Non cura le persone in modo tradizionale, in questo caso cercando di convincere lo schizofrenico di non essere veramente Gesù, ma lo ricalca, entra nel suo mondo, nella sua realtà. Per lui la realtà corrisponde all'essere Gesù Cristo, quindi è inutile tentare di distoglierlo da questa idea, creando un evidente contrasto; piuttosto gli va incontro, lo prende per mano e lo porta nel mondo normale, facendolo uscire dal suo stato di schizofrenia.

SEGRETO n. 30: Il segreto della PNL è entrare letteralmente nella realtà delle persone per capirle al meglio.

Altro caso molto simile ed altrettanto interessante riguarda uno schizofrenico di nome John, convinto di sentire, di notte, la voce del diavolo. A Bandler costui confessava: "di notte il diavolo mi parla e mi dice quello che devo fare, voi dovete stare attenti perché il diavolo è una persona potente, dovete stare attenti". Come nel caso precedente, Bandler lo asseconda e gli dice: "ah, ma dai. E cosa ti ha detto? Ma soprattutto questa voce da dove viene?", risposta: "la sento arrivare dalla presa elettrica". Bandler fa in modo che il pazzo esca per qualche tempo dalla sua stanza e fa applicare dei micro-altoparlanti collegati con un microfono esterno proprio in corrispondenza della presa elettrica. Durante la notte prende il microfono ed inizia a parlare con voce cavernosa rivolgendosi al povero John: questi si sveglia di soprassalto e dice: "ma chi è?!", risposta di Bandler: "sono io, il diavolo". La voce si diffondeva realmente dalle prese e l'uomo inizia a spaventarsi a morte mentre il "diavolo" prosegue: "ho sentito dire che parli di me, che dici che ti vengo a trovare di notte. Sai che non dovresti nominarmi con tanta tranquillità, perché potrei crearti dei seri guai...". Dopo questo avvenimento John non riesce più a prendere sonno e, l'indomani quando Bandler si reca da lui per chiedere cosa di nuovo quella notte gli avesse comunicato il diavolo, lui risponde: "Cosa? Ma il diavolo non esiste, erano solo delle voci che mi inventavo!".

Questo è il modo di Bandler forse un po' comico, un po' ironico, per illustrarci il suo atteggiamento mentale: entrare nella realtà degli altri e poi guidarli fuori. Ricordi la metafora del fiume? Faccio io per primo un passo verso la tua realtà e poi ti guido nella mia. E' l'unico modo per ottenere risultati concreti, efficacemente e velocemente, e Bandler in due soli incontri otteneva ciò che medici stimati e di grande esperienza non ottenevano in anni di terapia.

A quei tempi non esisteva l'abitudine di mettersi al pari con il malato, con il pazzo, per poterlo aiutare, si pensava: "io sono un medico, tu sei pazzo, la tua realtà è sbagliata". La verità è che ognuno di noi ha una sua realtà soggettiva. Se oggi incontrassimo mille schizofrenici tutti d'accordo nel dire che la Torre di Pisa è perfettamente diritta, saremmo noi i pazzi a vederla inclinata. Al più, quindi, si può parlare di realtà condivisa. Capisci cosa voglio dire?

L'idea generale che voglio trasmetterti attraverso questa guida è di guardare le persone con occhi nuovi. Conclusa la lettura sarai tu a dover mettere in pratica tutto ciò di cui abbiamo parlato oggi. Comunicare più efficacemente, ricalcare le altre persone per entrare in sintonia con loro, riuscirvi anche in lavori che, come nella vendita telefonica, non prevedono l'ausilio del paraverbale e non verbale. Poi l'esser motivati, avere obiettivi chiari e riuscire a motivare gli altri, aiutandoli ad enucleare a loro volta obiettivi chiari e ben formulati.

Anche nel lavoro questo è importante. Durante una mia lezione, un allievo mi chiedeva che fare nel momento in cui un capo ti indica un obiettivo sprovvisto delle caratteristiche previste dalla PNL, quindi né misurabile, né positivo, né troppo chiaro. In questo caso occorre fare al capo delle domande per ottenere più dati possibile. Se il capo vuole che aumenti il fatturato gli chiederò: "entro quanto tempo?". Non accettare ordini non chiari.

Impara a parlare e a chiarirti con le persone. Comunica sempre con attenzione e riguardo nei confronti degli altri, anche dei bambini. Non dire mai ad un bambino: "sei uno stupido" perché oltre ad aver avuto una pessima comunicazione, andresti a minare, forse irreparabilmente, la sua autostima.

Come ormai sai, avere o meno autostima dipende dalle convinzioni potenzianti o limitanti che hai e che ti sono state trasmesse da esperienze tue o da convinzioni altrui. Quindi potenzialmente potresti a tua volta trasmettere, ad esempio ai tuoi figli, convinzioni potenzianti o limitanti. Piuttosto è meglio dire: "in questa occasione hai avuto un comportamento stupido, anche se so che sei un bravo bambino". Come dicevamo anche poco fa, occorre distinguere tra comportamento ed identità, si tratta di due piani completamente diversi: attraverso le nostre affermazioni potremmo creare, anche non volendolo, suggestioni limitanti durissime a morire. Specificare gli obiettivi, avere una buona comunicazione, fa aumentare anche la tua motivazione e la tua autostima. Sono tutti pilastri intimamente correlati fra loro e ti possono aiutare a vivere la tua vita veramente al massimo.

RIEPILOGO DEL GIORNO 4:

- SEGRETO n. 25: la tua autostima dipende dalle tue convinzioni su te stesso e sul mondo che ti circonda.

- SEGRETO n. 26: le tue convinzioni si confermano da sole in un ciclo: credenze > risorse > azioni > risultati.

- SEGRETO n. 27: le convinzioni sono una tua costruzione basata sulle tue esperienze o sulla tua cultura: non conta se vere o false, ma solo se potenzianti o limitanti per il tuo successo.

- SEGRETO n. 28: una volta compreso il meccanismo delle convinzioni, puoi trasformare quelle limitanti in potenzianti.

- SEGRETO n. 29: La PNL è atteggiamento mentale di apertura, di curiosità, di vivace attenzione nei confronti delle altre persone.

- SEGRETO n. 30: Il segreto della PNL è entrare letteralmente nella realtà delle persone per capirle al meglio.

Giorno 5: Modellamento

Qui entriamo nella parte più segreta della PNL: il Modellamento (o Modeling) è il nucleo della Programmazione Neuro-Linguistica, che per definizione studia e *modella* i grandi geni. Molti trainer sanno cosa è il modellamento, ma in pochi sanno come si applica e quali sono le strategie del modellamento conscio e inconscio. Tu sarai uno dei pochi a vederle così approfondite.

Come ti ho detto all'inizio, Richard Bandler e John Grinder, hanno iniziato la loro attività studiando e modellando i migliori terapeuti, persone come Milton Erickson, il grande ipnoterapeuta, Virginia Satir, terapeuta della famiglia, Fritz Perls, terapia Gestalt. Saranno Bandler e Grinder a scoprire che, poiché i maestri non erano consapevoli del loro reale potenziale e quindi dell'intero spettro delle tecniche da loro utilizzate, non erano in grado di trasmettere tutto ai propri studenti. Insegnavano ciò di cui erano consapevoli a livello razionale; di ciò che davano al paziente non sapendo di darlo non erano consapevoli e quindi non potevano trasmetterlo ai propri studenti.

Bandler aveva perciò estratto le strategie di Perls attraverso ciò che viene definito "processo di modellamento". Io modello una persona seguendola passo per passo, vedendola all'opera, mentre è con i suoi pazienti; è così che imparo, che assorbo le sue strategie.

Se ci pensi è lo stesso modo in cui i bambini, pian piano, imparano a diventare adulti. Io ho un nipotino di cinque anni, un "Modellatore" perfetto. Se fai la linguaccia o dici una parolaccia, e questo è il momento critico, lui la percepisce come parola che non conosce e la ripete subito. Soprattutto poi ora che va all'asilo. In famiglia si sta attenti, ci si limita, poi arriva la scuola e questo è il risultato.

Modellare è molto importante e lo facciamo senza saperlo sin da bambini. Durante il corso di public speaking, ad esempio, io insegno, sfruttando tecniche e strategie, a parlare in pubblico, a gestire il proprio stato d'animo e si mette immediatamente in pratica ciò che si è imparato, per uscire già capaci di destreggiarsi con successo davanti ad una platea. Ricordo sempre ai miei allievi, però, che per imparare a parlare con scioltezza in pubblico, è molto utile guardarmi all'azione oltre che ascoltare per filo e per segno tutti i miei insegnamenti. Guardarmi mentre parlo, mentre gestisco le obiezioni, osservare il modo in cui mi muovo ed uso le lavagne, è spesso più prezioso di ogni altra cosa. Ascoltare le mie parole è utile piuttosto per affinare le proprie tecniche o capire perché mi comporto in un dato modo; anch'io infatti, come i geni studiati da Bandler e Grinder, a volte potrei non rendermi conto di alcune strategie inconsce che applico.

Quando Bandler seguiva Fritz Perls e si trovò a possedere queste nuove capacità volle capire perché e *come* fosse diventato così bravo e capace pur non avendo grandi nozioni di psicologia. Così mentre il lunedì sera Bandler seguiva Perls durante le sue sedute di terapia, il giovedì sera era invece Bandler, seguito da Grinder, a tenere sedute di terapia verificandone i clamorosi risultati. Dal loro lavoro trassero i modelli che poi sarebbero diventati i pilastri della Programmazione Neuro-Linguistica. Di fatto Grinder cercava di capire attraverso quali schemi lavorasse Bandler.

Studiandolo nelle varie fasi del suo lavoro e mettendo per iscritto i risultati che ne traeva, enucleò una serie di modelli comportamentali e linguistici, ovvero tecniche e strategie ancor oggi validissime.

Si può dire che il lavoro del Modellatore sia concluso nel momento in cui egli ha codificato gli schemi del Modello ed è in grado di trasmetterli, con successo, ad altre persone che non erano mai state a contatto con il modello originario. Quindi nel momento in cui Bandler e Grinder riuscirono a insegnare ad altri le tecniche di Perls, senza averli messi mai a contatto con Perls, allora il risultato era stato raggiunto.

SEGRETO n. 31: il Modellamento è lo studio conscio e inconscio degli schemi, le tecniche e le strategie utilizzate da una persona eccellente.

Bandler e Grinder si accorsero, poi, che il modellamento poteva benissimo non limitarsi al solo campo della terapia, ma poteva essere traslato con successo in ogni campo della vita. Diventa uno schema applicabile alla vendita, alla comunicazione, al public speaking, alla seduzione, a qualsiasi settore si voglia. La PNL non è tecnica, lo dice lo stesso Bandler, ma atteggiamento mentale di curiosità, di apertura nei confronti di chi riesce meglio di noi e vederlo come un territorio da esplorare. E' la capacità di individuare, anche nel proprio posto di lavoro, la persona da modellare per migliorarsi. Al contrario molte persone, nel trovare qualcuno più capace di quanto non siano loro, più brillante, più disinvolto, non cercano di carpire il "come" e di applicarlo a sé, ma si chiudono nella propria invidia perdendo l'occasione di apprendere cose nuove.

SEGRETO n. 32: il Modellamento è un atteggiamento mentale di apertura e curiosità per imparare da chi è più bravo di noi in qualcosa.

La mamma che non ha un buon rapporto con i figli, può chiedersi come faccia la sua amica ad averlo, cosa dia più di lei; è totalmente sbagliato guardare con invidia alla sua situazione e dare la colpa, magari, alla presunta maleducazione dei propri figli. Da trainer potrei chiedermi cosa posso imparare dal mio collega, o dal venditore mio amico. Se ne ho la possibilità li seguo, li osservo mentre svolgono la propria attività. Io ho modellato moltissimi trainer e da ognuno di essi ho imparato qualcosa di buono. Ho avuto la fortuna di entrare in contatto direttamente con i fondatori, da Richard Bandler a John Grinder, da Robert Dilts ad Anthony Robbins, di modellare il genio, la fonte. Milton Erickson, purtroppo, non c'è più, quindi ci dovremmo accontentare di ciò che è stato studiato e ci è stato tramandato.

Osservare Grinder, ad esempio, mi è servito molto per modellarlo come public speaker, per ispirarmi al suo atteggiamento mentale. Certo, sia lui che gli altri trainer in teoria sono miei concorrenti, tuttavia, invece di invidiare sterilmente le loro capacità, ho preferito avvantaggiarmene e apprendere da loro.

Grinder in persona mi ha raccontato dei tanti viaggi fatti da lui e Richard Bandler, negli anni '70, per ascoltare Fritz Perls. Un lavoro durato ore, giorni e mesi. Qualcuno potrebbe pensare che il modellamento sia un qualcosa da fare velocemente, prendo una persona, le faccio delle domande ed è finita lì. Al contrario

Bandler e Grinder sono stati nove mesi attorno ad Erickson per modellarlo, per capire quali fossero le sue strategie.

Io ho avuto la possibilità di visionare un video di Milton Erickson intento a parlare con una donna che aveva un problema. E' perfettamente visibile che ciò che alla fine riesce ad aiutarla non sono le strategie o il modello linguistico di Erickson, ma il suo atteggiamento mentale. Egli è lì, seduto sulla sua sedia a rotelle e completamente proteso nell'ascolto dell'altra persona, vuole capire quale sia il suo problema, cosa ci sia dietro le sue parole.

Ad un certo punto la signora, tra le lacrime, dice qualcosa ad Erickson. Questi non capisce e chiede: "Cosa?", ma la cosa importante è il modo in cui lo dice, in modo sentito, profondo tanto da creare un rapport davvero incredibile. Nella trascrizione di questo video, quel "Cosa?", era stato tagliato. Probabilmente chi ha trascritto, magari si trattava di una persona non competente di PNL o non molto precisa, ha detto tra sé e sé: "Milton Erickson non ha capito, è inutile scrivere per due volte la stessa frase", ed invece è proprio in quel "Cosa?" la differenza, aveva tagliato una parte fondamentale. Il sincero, sincerissimo interesse nei confronti delle esigenze di quella persona è qualcosa di totalmente diverso da quello che puoi studiare dai libri o seguire durante un corso, ciò che conta è l'atteggiamento mentale, è quello che fa la differenza perché da tutti puoi apprendere qualcosa.

Quando vado a fare formazione in azienda non sempre trovo persone disposte ad ascoltarmi. Come ti dicevo prima, proprio perché spesso la vivono come una sconfitta, pensano che il capo li consideri incapaci a causa di risultati non del tutto soddisfacenti e per questo li punisce con la formazione. Queste persone spesso non sono motivate a fare formazione. Magari si vorrebbero riposare il sabato e la domenica, vorrebbero andare al mare e invece sono costretti a restare in azienda. In più, ciliegina sulla torta, arrivo io, visibilmente giovane ad insegnare qualcosa a loro, venditori con anni d'esperienza alle spalle, nel loro territorio, la loro azienda, tra i loro prodotti. E' chiaro che all'inizio ci sia molta distanza, assoluta mancanza di sintonia. Però un modo c'è per avvicinarsi a loro, metto in opera ciò che prima ho definito il ricalco delle convinzioni, anticipando tutto ciò che loro pensano, e poi chiudo con questa frase: "Al di là del fatto che io non abbia mai venduto i vostri prodotti e non faccia parte della vostra azienda, ciò che farà la differenza non sono io, sarete voi stessi. Io prenderò il migliore di voi, colui che considerate il venditore maggiormente capace e lo modellerò, cercherò di estrarre da lui ciò che lo rende diverso da tutti voi". Spesso il problema è che la maggior parte di loro chiude troppe poche vendite, su dieci clienti contattati, comprano in tre. Colui che va meglio, invece, ne totalizza magari otto su dieci. Non impongo le mie idee, la mia teoria, le mie tecniche, piuttosto modello chi eccelle nella loro azienda, estraggo le sue caratteristiche migliori e le installo a tutti gli altri affinché raggiungano lo stesso risultato. Questo è il modellamento, ben diverso rispetto alla formazione tradizionale.

C'è il vantaggio, oltretutto, che in questo caso le persone sono a diretto contatto con il genio, hanno la fonte a portata di mano, per cui potranno, anche in mia assenza, continuare a modellarlo ed a migliorare. Normalmente si procede in questo modo: il collega eccellente viene seguito dagli altri durante le sue vendite, in alternativa si ascoltano le registrazioni telefoniche dei colloqui intercorsi fra lui ed i clienti in modo da poter valutare similitudini e differenze con gli altri. Questo metodo ha il vantaggio di creare rapport fra i vari colleghi, perché non mi riferisco ad un esempio esterno per migliorare il gruppo, ma ad uno di loro.

Rapportarsi con i gruppi di medici che vado a formare è anche più difficile. Però vale sempre il ricalco delle convinzioni e il finale basato sul modellamento: "So che siete tutti ottimi medici, quindi prenderò quello tra voi che più ammirate per la sua capacità di rapportarsi con i pazienti, e sarete voi stessi ad indicarmelo". A quel punto io lo prendo e lo modello, faccio arrivare ai suoi colleghi ciò che lui può insegnargli; nulla arriva dall'esterno, io aiuto solo questo circolo virtuoso.

Un buon trainer, un buon coach, non deve sapere tutto di tutto, non è necessario che abbia tutte le risposte, deve saperle estrarre dagli altri. Ed è proprio per questo che io posso andare in un'azienda della quale non so assolutamente nulla, della quale non conosco il settore, i prodotti ed essere in grado di insegnare qualcosa di importante ai dipendenti.

SEGRETO n. 33: il modellamento ti consente di imparare velocemente i segreti per eccellere in qualsiasi settore.

Anthony Robbins, grandissimo guru della formazione motivazionale, ci racconta qualcosa di molto importante in questo senso. Siamo nei primi anni '80 ed ha da poco seguito il corso di PNL tenuto da Bandler e Grinder. E' talmente entusiasta ed attivo da iniziare a collaborare da subito con i suoi maestri. Inizialmente prende, assieme a Grinder, un lavoro presso l'esercito americano. Ovviamente il comandante cui è stata imposta dai suoi superiori la formazione, persona piuttosto chiusa e gretta, è molto diffidente. Il loro lavoro, in questo caso, consiste nell'aiutare il gruppo di militari a migliorarsi nel tirare con la pistola. Grinder e Robbins avevano approcciato il gruppo con questo discorso: "Noi vi promettiamo che miglioreremo l'efficacia di questo programma riducendone anche il tempo. Se normalmente il corso dura un mese e voi ottenete un successo pari all'80%, noi vi portiamo al 95% del successo in sole due settimane".

La promessa è molto impegnativa e per di più Grinder è costretto a lasciare a causa di un altro impegno più importante ed urgente; quindi Robbins, senza nessuna esperienza di tiro con la pistola, rimane da solo a svolgere il suo compito. Robbins contava molto su Grinder che sapeva sparare. Lui invece, che non ha mai toccato una pistola, si trova in una situazione davvero spinosa.

Quindi cosa fa? Semplicemente modella il più bravo. Dice: "Voglio parlare con i migliori di voi, coloro che riescono a centrare cento colpi su cento". Prende gli istruttori, li modella e si fa insegnare da loro a sparare. Solo nel momento in cui si rende conto di aver imparato bene le tecniche di tiro e di aver assunto le stesse convinzioni, capacità e comportamenti degli istruttori, inizia ad insegnarle ai nuovi allievi. Effettivamente ottiene i risultati che aveva promesso, al punto che continua a lavorare nel campo, con un ingaggio ancora maggiore. Questo dimostra che puoi andare in qualsiasi ambiente, in qualsiasi contesto ed insegnare qualcosa a qualcuno e, nel contempo, imparare da tutti.

Le strategie per imparare a modellare sono impegnative e piuttosto avanzate, ma sono sicuro di potertele trasmettere al meglio. Infatti se da un lato esistono tecniche di *modellamento inconscio*, che è il tipo di modellamento che adottano i bambini in maniera automatica e inconsapevole, dall'altro abbiamo le tecniche per il *modellamento conscio* che ti consentono di fare analisi accurate sul modello, attraverso specifiche domande.

E' importante che tu sappia modellare in entrambe i modi, perché non sempre troverai persone disponibili a farsi modellare. Quindi con il modellamento inconscio, che affronteremo nel prossimo capitolo, imparerai a modellare una persona seguendo il metodo intuitivo che a tutti noi ha permesso di passare dall'essere bambini all'essere adulti. Senza fare domande e senza scavare, per osservazione diretta, per esperienza diretta. Vedremo anche come estrarre le strategie utilizzate dai geni ed installarle su di noi o su altri per migliorare la qualità della propria vita e superare incertezze e paure.

SEGRETO n. 34: il Modellamento Conscio prevede un'analisi basata su domande, quello Inconscio è basato sulla osservazione diretta del modello.

Attraverso il modellamento conscio imparerai ad analizzare in maniera consapevole, con domande, punto per punto, le idee di una persona eccellente, del genio, come lo abbiamo definito. Il modeling conscio è un tipo di modellamento basato sui *livelli logici* di Robert Dilts. Dilts è stato studente di Bandler e Grinder e può essere definito come lo studioso, lo scienziato della PNL, in quanto ha scritto una grande quantità di testi assai dettagliati e dal taglio scientifico. Lui ritiene che il segreto di un buon modellamento consista nel fare moltissime domande per poter capire tutto della persona che si ha di fronte. Al contrario Grinder, sostenitore del modeling inconscio, durante uno degli ultimi corsi da lui tenuto , ha affermato che il modeling per definizione è inconscio, perché è il modo in cui apprendono i bambini. Inoltre è il metodo di lavoro che lui e Bandler hanno utilizzato per anni allo scopo di studiare Erickson.

Nel medesimo corso in cui Grinder affermava questo, uno dei suoi allievi lo ha stuzzicato dicendogli che tutto quanto diceva potersi fare sul piano dell'inconscio, in realtà riguardava cose consce come l'ambiente o i comportamenti umani, rifacendosi chiaramente ai livelli logici di Dilts. In un primo momento Grinder ha fatto finta di nulla, poi ha risposto che, secondo lui, i livelli logici non sono che un'invenzione di Dilts. Secondo Grinder si tratta di una suddivisione artificiosa fatta da Dilts per spiegare le fasi del modeling inconscio, non un lavoro fatto a partire dai clienti, come avevano sempre fatto lui e Bandler. Il modellamento, secondo Grinder, è nato dall'osservazione di persone vere, dall'estrazione inconscia delle loro strategie, come lui e Bandler avevano fatto con Erickson. Quello che ha fatto Dilts, secondo lui, è stato invece di decidere arbitrariamente l'esistenza di un modello costruito per livelli. E' interessante notare queste piccole rivalità tra le diverse scuole di pensiero. Per quanto mi riguarda io penso di aver estratto il meglio da entrambi, ritenendo che due scelte sono meglio di una, pertanto te le presento entrambe.

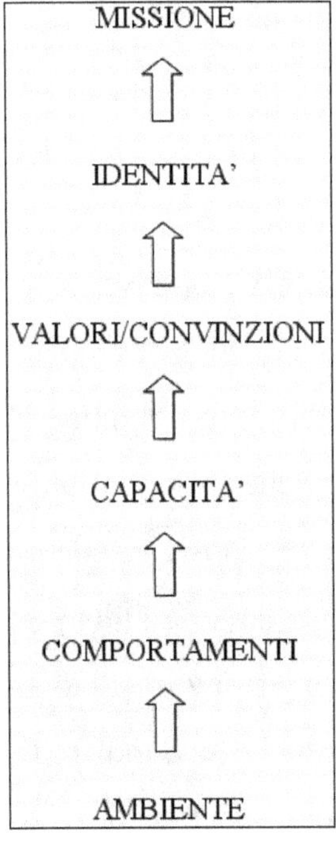

Il modellamento conscio consiste nel modellare le persone lavorando per *livelli logici*. Se hai seguito il corso o visionato il videocorso di <u>leadership</u> già lo conosci. Si parla di allineamento, che vuol dire? Che se vuoi essere congruente con te stesso al 100 per cento, devi avere chiari i tuoi valori, le tue convinzioni, la tua identità e così via. Solo quando avrai chiaro il tuo nucleo, le tue verità più profonde, ti comporterai di conseguenza. I propri comportamenti dovranno essere allineati ai propri valori, ai propri pensieri, alla propria missione ed ai propri obiettivi. Si tratta di livelli facenti parte di uno schema creato da Robert Dilts, da lui sperimentato, ed utilizzato per più di 30 anni. Nella mia personale esperienza, trovo questi livelli straordinari. Questo schema mi ha offerto la possibilità di integrare qualsiasi cosa facessi o studiassi, in ogni aspetto della mia vita.

E' anche un ottimo metodo, nel mio lavoro, per analizzare le situazioni di persone o aziende. Quando un'azienda mi chiama a fare formazione dicendomi: "Questi venditori non sono bravi, non riescono a chiudere un numero abbastanza elevato di contratti, non raggiungono risultati soddisfacenti", io prima di dire: "Va bene, vi faccio questo corso di formazione della durata di due giorni, del costo di 5.000 euro...", dico: "Siete sicuri che il problema sia a livello di *capacità* dei vostri venditori di vendere, di saper vendere?", infatti è possibile che si tratti di un problema ambientale. Magari i dipendenti sono costretti a ricevere persone in un *ambiente* troppo piccolo e angusto, con un caldo soffocante o un freddo raggelante. Ancora può darsi si tratti di un ambiente molto litigioso dove i venditori non riescono a trovarsi a proprio agio. Ancora, potrebbe trattarsi di un problema di ordine *comportamentale*, non agiscono abbastanza, o di mancanza di *abilità* dei venditori. In questo caso il corso di formazione è la risposta più giusta. Tuttavia il problema potrebbe anche essere di altro genere, e cioè a livello di *convinzioni* dei venditori piuttosto che di comportamento. Quindi mentre nel caso precedente potrei avere a che fare con venditori convinti di saper vendere ma non abili a farlo, in questo caso avrei a che fare con venditori convinti di essere incapaci nel proprio lavoro o che non credono nella propria azienda e qui certo il problema è più grave.

In questo caso la persona potrà fare tutti i corsi di formazione che vuole ma se prima di tutto non crede in se stesso o nella sua azienda lo trasmetterà e non otterrà grandi risultati. In entrambi i casi si ottengono risultati deludenti: se il venditore non crede nel prodotto, anche se pensa di essere un buon venditore non porterà a termine abbastanza vendite perché sa di non avere un buon prodotto da proporre. Se pur avendo un buon prodotto non crede in se stesso, si ritiene talmente inabile da non riuscire comunque a chiudere un giusto numero di contratti.

Li vedi i veri venditori, sono quelli che lavorano, ad esempio, a provvigione e non a stipendio fisso perché sanno di essere talmente capaci, da guadagnare molto meglio così. Una volta mi è capitato, durante un corso di vendita, di chiedere del suo lavoro ad una persona che si vantava di essere un buon venditore: "Lavori a provvigione o a stipendio fisso?", lui replicò: "Un po' ed un po'. Mi fanno comodo sia la sicurezza dello stipendio fisso che i guadagni in più percepiti a provvigione". Tuttavia questa risposta può rappresentare un conflitto di *identità*, questo non lo aiuterà nei rapporti con i clienti e non otterrà gli stessi risultati che avrebbe raggiunto credendo di essere un venditore talmente bravo da poter lavorare solo a provvigione.

Missione e spiritualità sono i nostri obiettivi, ciò che ci muove per raggiungere la nostra meta più lontana, la traccia che vogliamo lasciare quando non ci saremo più. Io guardo la mia vita passata e mi chiedo: "Cosa ho fatto nella vita? Ho avuto chiara la mia missione? Ho raggiunto i miei obiettivi?", se la mia missione mi è stata chiara sin dal principio, sono in grado di allinearvi la direzione in cui andare ed i miei principi, ed è chiaro che faccio molto prima a decidere. Mi capita un'opportunità, la colgo al volo, mi capita una persona che mi vuole portare fuori strada, la evito. Se, al contrario, non so chi sono, è molto più facile che un'esperienza sbagliata mi faccia deviare. Per avere una direzione chiara devo essere conscio del mio stato attuale, cioè dove sono ora, e devo avere ben chiaro il mio stato desiderato, ovvero dove voglio andare. Questo mi permette di tracciare una retta che unisca i due punti e mi indichi una precisa direzione da seguire.

Se io prendo ad esempio un genio, posso rendermi conto, anche semplicemente osservandolo con attenzione, di quali siano le sue convinzioni, del suo modo di agire, delle capacità che lui ha e che a me mancano, della sua missione personale. Io, certo, ho avuto l'occasione di vedere in azione i più grandi trainer del mondo, ma non ho potuto parlare a tutti.

Ugualmente ho potuto modellarli utilizzando i livelli logici di Dilts utilizzando a tal fine l'idea che mi ero fatto di loro e dandomi le risposte che, secondo me, loro mi avrebbero dato. Ad esempio mi sono chiesto quali potevano essere le convinzioni di Anthony Robbins, mi sono detto che da ciò che trasmette sembra una persona convinta che sia utile fare del bene, e così via tutto il resto. E' ovvio che se avessi potuto fargli direttamente la domanda, il processo avrebbe avuto una maggiore resa, ma anche questo può essere, in mancanza di meglio, un metodo valido. E' chiaro che non sempre la risposta che puoi darti è valida. Si tratta comunque di un qualcosa filtrato dalla tua razionalità.

Tecnicamente puoi modellare qualcuno proprio facendogli domande specifiche su ciascun livello.

Utilizza questo schema generale e poni le seguenti domande, possibilmente proprio mentre il modello esegue l'attività da modellare:

AMBIENTE

Qual è lo specifico contesto ambientale nel quale svolgi l'attività che stiamo prendendo a modello? Descrivi il tuo ambiente, cosa vedi, ascolti o senti?

COMPORTAMENTI

Quali sono i comportamenti specifici associati all'attività che stiamo prendendo a modello? Che cosa fai esattamente? Come ti muovi? Quali sono i passi essenziali per questa attività?

CAPACITA'

Quali capacità utilizzi mentre svolgi l'attività che stiamo prendendo a modello? Come le hai apprese? Quali altre abilità possiedi? Cosa altro è necessario?

VALORI & CONVINZIONI

Quali valori sono espressi dall'attività che stiamo prendendo a modello? Quali sono i tuoi valori più importanti? Che convinzioni hai in proposito? Perché svolgi questa attività? Cosa ti motiva?

IDENTITA'

In che modo esprimi la tua identità nell'attività che stiamo prendendo a modello? Chi sei tu? Perché proprio tu svolgi questa attività?

MISSIONE

Qual è la tua visione e qual è la tua missione personale? Cosa è importante nello svolgere l'attività che stiamo prendendo a modello?

Questo schema di domande è molto utile non solo per te che stai modellando e imparando nuove strategie da qualcuno che eccelle in una certa attività. E' molto utile anche per il modello, che attraverso le tue domande acquisisce maggiore consapevolezza su se stesso. Ad esempio Milton Erickson era un ottimo terapeuta ma non sapeva cosa facesse, ecco perché, forse, non riusciva ad insegnarlo pienamente agli altri.

Pensa che Bandler e Grinder hanno scritto un libro che si chiama: "I modelli della tecnica ipnotica di Milton Erickson". Prefazione di Milton Erickson che scrive: *"Leggendo questo libro ho imparato molto sulle cose che ho fatto senza averne la minima idea"*. Cioè è stato lui a ringraziare Bandler e Grinder, perché gli avevano detto cosa facesse e in che modo fosse così bravo. Interessante. Spesso noi non sappiamo perché siamo bravi a fare una cosa.

SEGRETO n. 35: lo schema di domande del Modellamento Conscio aiuta sia il modellatore che il modello ad essere più consapevoli delle strategie per eccellere.

Io ero bravo a scuola, quindi avrei potuto essere modellato dai miei compagni studiando i miei atteggiamenti. Se però mi avessero fatto una domanda diretta sul come facessi ad essere bravo, io non avrei saputo rispondere, non me lo ero mai chiesto. Che convinzioni avevo? Forse che bisognasse andare bene a scuola, che bisognasse studiare. Inoltre a 13 anni avevo fatto il corso di memoria e lettura veloce, quindi avrei potuto essere modellato anche in questo senso. Così si può modellare chiunque. Se ho la possibilità di fare queste domande, bene, le faccio, modello il mio genio. Se non ne ho la possibilità cerco di rispondere da solo alle domande, immedesimandomi nella persona. Il tutto in maniera totalmente conscia.

Una volta ho fatto un esercizio in aula, con un volontario per la dimostrazione e il pubblico come osservatore. Ti riporto la trascrizione per farti capire alcuni meccanismi importanti del modellamento:

****

Giacomo: Bene, abbiamo qui il nostro "genio"; in che cosa lo è? Che cosa hai da darci? Cosa puoi insegnare a tutti noi? Te lo chiedo. Qual è la cosa della quale sei realmente appassionato?

Andrea. *Sono tante le cose di cui sono appassionato. Però sicuramente la PNL è la mia massima passione.*

Giacomo: Infatti mi hai detto più volte che la PNL ti appassiona da morire, che con il tuo amico Mario fate molti esercizi ed esperimenti. Bene, questa è una capacità, qualcosa che entrambi mi hanno trasmesso in tutti questi mesi di reciproca conoscenza. Vorrebbero iniziare ad esercitarsi sulle strategie apprese sin dal primo minuto, finire a mezzanotte, e, tra un modulo e l'altro, mi dicono di aver letto 15 libri, di aver fatto 300 esercizi, di averli fatti insieme ed ora Andrea mi dice anche di fare degli esperimenti. Penso questa sia un'ottima capacità da modellare. Ti piacerebbe portare al massimo la tua passione per la PNL? Al punto da riuscire a trovare il tempo per leggere, per continuare, per fare esercizi? Visto che sei qui immagino di sì. Ora estrarremo da te quello che fai, il modo in cui lo fai. Parlami di un momento in cui fai gli esercizi, in che *ambiente* sei?

Andrea. *Deve essere un ambiente poco illuminato, dove il silenzio domina, o meglio, dominano le parole mie e del mio collega.*

Giacomo: Sei sempre con lui? Siete sempre insieme?

Andrea. *Quasi sempre, altrimenti li faccio da solo gli esercizi. Come soggetto di studio interagisco con Mario: quindi ambiente abbastanza scuro, silenzio, concentrazione, rilassamento e poi si inizia.*

Giacomo: Immagina proprio di essere lì. La prima fase da mettere in pratica è riportare, con la mente, il modello nel suo contesto. Quindi, in questo caso, nel contesto in cui sei appassionato di PNL, in cui hai la capacità che noi stiamo modellando. E' importante far sì che la persona che si sta modellando entri in quell'ambiente. Proprio per analizzare i livelli logici uno ad uno, ti farò delle domande specifiche e ti farò camminare. Ora supponiamo che tu sia nell'ambiente giusto, io ti porrò alcune domande, ascolta con attenzione.

Allora mi hai già raccontato come lo fai, ovvero in che contesto, con lui; è di sera?

Andrea. *Sì, sia per ragioni di tempo che per ragioni di silenzio.*

Giacomo: Quindi abbiamo detto in che contesto. Quanto spesso lo fai? Tutti i giorni?

Andrea. *No, saltuariamente, proprio per dar tempo di metabolizzare l'esercizio e quindi lo studio che andiamo ad applicare.*

Giacomo: Quindi mi hai detto che prima studi e poi vieni qui a mettere in pratica ciò che hai assimilato. Dopo aver risposto alle domande sull'ambiente, quindi sul contesto, vivi quella situazione, immagina cosa c'è lì, immagina cosa c'è intorno, il tuo amico, in questo caso. A quel punto passiamo ai *comportamenti*, farò ad Andrea domande di questo tipo: "Cosa fai? Che fisiologia hai? Che respiro hai?", quindi sia sui comportamenti che adotta, e sia sul suo modo di essere fisiologicamente.

Andrea, immagina di essere lì, simula la tua idea di essere lì. Dove hai Mario? Alla tua destra, alla tua sinistra, di fronte a te?

Andrea. *Generalmente davanti. Quindi ci sediamo, decidiamo cosa fare e nel momento in cui ci troviamo concentrati sull'obiettivo da raggiungere, cominciamo a passare in rassegna le varie tappe per passare poi all'esercizio. Quindi noi facciamo l'esercizio prima da un punto di vista tecnico, ripassiamo tutta la procedura, e poi da un punto di vista pratico.*

Giacomo: Quindi questo è quello che tu fai, che non è detto poi che andrà bene per tutti, però è un modo per provare.

Andrea. *Intanto per me e Mario funziona.*

Giacomo: Bene, per voi funziona, questo è sicuro. L'idea è la seguente, come dice Bandler: "Non credete a quello che vi dicono", né a quello che vi dico io o altri trainer, "fatelo". Per voi funziona, va bene, ma potrebbe anche non funzionare per altri. Quindi prendete ciò che per Andrea e Mario funziona e poi provatelo su voi stessi.

Mi viene in mente, per esempio, che qualcuno di voi mi chiedeva se esistesse un buon metodo per imparare l'inglese. La mia risposta è stata che non so se esiste un metodo. La domanda utile che potresti farmi per modellarmi è: "Come hai fatto TU ad imparare l'inglese?". Io ti chiedo: "Conosci l'inglese?", tu mi rispondi: "Sì", ed io: "Bene, come hai fatto?", ecco, questa è la domanda che devi fare. Nel mio caso è andata così: mi sono talmente appassionato alla PNL che, per capire cosa dicessero tutti i video ed audio in inglese che parlavano di questo argomento, ho imparato bene la lingua!

Ora andiamo avanti, quindi prima studiate la teoria e poi dite: "Adesso stiamo per fare l'esercizio, che comporta questa, questa e questa fase, lo provo prima io, poi lo provi tu", e lo fate. Una parte di teoria ed una parte di pratica. Vi stabilite l'obiettivo, questo è importante per la buona riuscita dell'esercizio. Perché se uno comincia a fare le cose senza aver formulato e ben definito l'obiettivo ed avergli dato la misurabilità, non si mette nelle giuste condizioni per una buona riuscita. Quando lo fate, stai seduto?

Andrea. *Sì, da un punto di vista teorico, poi dal punto vista pratico ci alziamo e facciamo le cose che ci sono da fare. In linea di massima gli esercizi vengono eseguiti in piedi, comunque.*

Giacomo: Se devi scrivere gli obiettivi? Stai in piedi?

Andrea. *Sì, alla lavagna.*

Giacomo: Descrivimelo meglio questo ambiente. Avete una lavagna a casa? Io invece scrivo su fogli di carta. Ecco, mi insegni qualcosa. Questa sera questa lavagna me la carico e me la porto a casa. Avete una lavagna così?

Andrea. *Sì.*

Giacomo: Bene, così ti alleni anche a fare il trainer e a spiegare?

Andrea. *Da un po' di tempo sì. Quando conosci bene l'argomento o abbastanza bene, improvvisi in base alle tecniche.*

Giacomo: Quindi insegni anche a lui?

Andrea. *Sì, io a lui e lui a me. Ci registriamo, così vediamo i difetti e poi ci correggiamo.*

Giacomo: Registrate in audio o in video?

Andrea. *In video, come te.*

Giacomo: Vedete quante cose escono fuori? Magari solo da alcune domande escono fuori i dati che realmente ci servono, quindi è preferibile porre molte domande. Poco fa, ad esempio, Andrea, in risposta alla mia domanda su cosa ritiene importante per la riuscita dei suoi esperimenti, dei suoi esercizi e della sua passione, mi ha risposto che usa una lavagna e si videoregistra in azione.

Vuoi aggiungere altro che ritieni importante a livello di ambiente o di comportamenti?

Andrea. *Stare sempre rilassati e concentrati, non farsi prendere dal panico, perché anche se sto con una persona, cerco di immaginarne cento, duecento. Io cerco di essere il più rilassato e concentrato possibile.*

Giacomo: Bene, rilassato e concentrato. Ora una domanda da modellatore, come fai a rimanere rilassato? Questa è una *capacità*, quindi fai un passo avanti. Tu mi dici che è importante rimanere rilassato, bene, allora dimmi anche come fai. Perché se io ho il mio modo, tu hai il tuo ed io lo voglio conoscere perché mi è necessario per poterti modellare; quindi, dimmi, quali sono le tue strategie? Infine una domanda chiave del modellamento, ovvero "Come fai a saperlo?", o, come direbbe Grinder: "How do you know?". Ora, tu sei rilassato, ti chiedo, come fai a rilassarti?

Andrea. *Innanzitutto rimanendo concentrato e poi conoscendo molto bene l'esercizio che porto in pratica, perché se ho carenze tecniche non posso riuscire nell'esperimento.*

Giacomo: Cerca di spiegare meglio, perché sei rimasto completamente vago. Tu ci hai detto che per rimanere rilassato devi rimanere concentrato. Che intendi?

Andrea. *Praticamente passeggio spesso e volentieri, passeggio da un posto ad un altro in modo tale che, col camminare, scarico la tensione. Ad alcuni può dar fastidio ma io mi trovo molto bene.*

Giacomo: Questa è una risposta concreta, pratica. Quindi non accontentatevi delle risposte eccessivamente teoriche perché nella maggior parte dei casi sono superficiali, invece voi volete andare in profondità, volete capire quale sia l'esperienza concreta che c'è dietro ad una frase un po' generica. Ecco, esattamente il "Come fai a saperlo?". Sono rilassato quando sono concentrato, ed io: "Come fai a sapere di essere concentrato?", e lui: "Sono concentrato quando passeggio avanti ed indietro e questa attività mi rilassa".

Andrea. *Alcune volte ho anche provato a non passeggiare per provare altri metodi, ma non ho raggiunto i medesimi risultati.*

Giacomo: Bene, ci sta dicendo anche parte del suo atteggiamento, che fa parte delle convinzioni. Ci dice: "Io ho provato anche un'altra cosa, perché comunque sono aperto, ho un atteggiamento di apertura", che poi è quello proprio della PNL. Quindi oltre a studiare, a fare esercizi, la mette in pratica concretamente, imparate anche da quello che fa. Lui dice che non camminando non ottiene gli stessi risultati, quindi le cose gli riescono bene camminando.

Andrea. *Mentre invece Mario riesce benissimo a concentrarsi anche stando fermo.*

Giacomo: Lui sta fermo, per esempio, allora dopo modelliamo

anche Mario: ognuno ha le sue tecniche, trovatele. Lui ha trovato la sua, come? Provando. Ecco come ha imparato a rilassarsi. Vuoi aggiungere altro a livello di capacità?

Andrea. *No.*

Giacomo: Ok, allora ti faccio io altre domande. Sei soddisfatto degli esercizi?

Andrea. *Sì.*

Giacomo: Come fai a sapere di essere soddisfatto?

Andrea. *Perché vedo risultati. In un tuo corso facciamo esercizi e riescono, nel momento in cui questo risultato lo vedo realizzato anche a casa, capisco che l'esercizio è riuscito.*

Giacomo: Vi ha confidato la sua strategia per capire di essere soddisfatto. Bene, lui dice: "L'ho fatto in aula, con te presente, e mi è riuscito bene: l'ho ripetuto a casa anche senza il tuo aiuto, senza bisogno che tu mi segua, e mi è riuscito ugualmente, vuol dire che ho capito". Ancora più soddisfacente sarà il passo successivo quando lo insegnerai a qualcun altro, che non mi conosce, non mi ha mai visto all'opera e questi riuscirà a sua volta nell'intento, ottenendo i tuoi stessi risultati. A quel punto il processo di modellamento si chiude, perché tu puoi sia aver imparato perché ti ho spiegato l'esercizio, sia per osmosi da me, osservandomi fare l'esercizio e procedendo per simulazione.

Andrea. *E' proprio per questo che l'ho imparato, perché lo faccio a casa.*

Giacomo: E' proprio per questo che ti abitui ad insegnarlo a lui. Va bene. Altro balzo, vieni avanti, passiamo a parlare di *convinzioni* e *valori*. Perché lo fai? Cosa ci trovi di straordinario nel farlo? Cosa succederebbe se tu non lo facessi? Vedremo come, convinzioni e valori, si concretizzeranno nelle sue risposte. Perché sei appassionato di PNL?

Andrea. *Punto primo perché mi piace, secondo perché vedo dei miglioramenti, e dal punto di vista personale e dal punto di vista dell'interazione con le persone, quindi è proprio per questo che mi appassiono e tutti gli esercizi li ripeto più volte.*

Giacomo: Cosa intendi per "miglioramenti personali"?

Andrea. *Ho visto dei cambiamenti rispetto al periodo in cui ignoravo completamente la PNL. Comportamenti di apertura mentale, di interazione con le persone. Sono molto più aperto e sto ottenendo dei risultati.*

Giacomo: Perché gli ho chiesto cosa intendesse? Perché, come al solito, si era tenuto troppo sul vago, ad un livello troppo superficiale. Mi ha detto che vede dei miglioramenti, ma cosa intende per miglioramenti? Quindi chiedo: "Cosa intendi per miglioramenti?". Se conosci il MetaModello sai che la domanda "cosa intendi?" è il modo più classico di chiedere per approfondire, in più si adatta a tutti gli usi. Se tu chiedi cosa intendi, lui ti risponde: "Intendo che, rispetto a prima, quando non conoscevo la PNL, sono migliorate tante cose fra cui il mio comportamento, il mio atteggiamento di apertura ed altro". Quindi può essere un'idea quella di valutare i vostri risultati in base a come eravate prima di conoscere la PNL, mesi o anni fa, può essere un modo per valutare i risultati.

Nel corso sugli obiettivi, ad esempio, si insegna proprio questo, a vedere come eravamo, ad esempio, fino a cinque anni fa, vedere come siamo oggi ed idealizzare, vedere come in una visione come saremo fra cinque anni, perché in cinque anni può cambiare tutto.

Andrea. *Cambia in qualche mese, immaginiamo in qualche anno.*

Giacomo: Sì, quindi è un metro di valutazione che lui ha sperimentato su se stesso e funziona. Capire valori e convinzioni? Perché? Il perché tira fuori le motivazioni, approfondisce le motivazioni. Dietro a queste motivazioni ci sono i suoi valori e le sue convinzioni, quindi lui è convinto di certe cose, vede la PNL in un certo modo, constata dei risultati. Questo è il suo modo di valutare la PNL, non è giusto o sbagliato, è il suo, è soggettivo. Potrebbe funzionare anche per voi, provateci. Cosa c'è di straordinario nella PNL?

Andrea. *Di straordinario nella PNL c'è che vedi dei cambiamenti, tra virgolette, assurdi. Cose che prima immaginavi, nel mio caso per la timidezza, oggi non l'hai più e quindi ti apri alle persone, poi indipendentemente dalla riuscita, può andare bene o meno, prova. Questo ho trovato di straordinario.*

Giacomo: Quindi l'atteggiamento di provare e di verificare cambiamenti assurdi, come dice lui, e penso che per assurdi, intendi straordinari.

Andrea. *Sì, sì.*

Giacomo: Anch'io uso il termine "assurdo", in un'accezione positiva. Bene, le sue idee, la sua concezione della PNL, le sue convinzioni sulla PNL. Il valore, l'importanza che dà alla PNL. Ecco perché questo si trasforma nel fatto che vi dedica così tanto tempo, può essere una strada. A questo punto ti chiedo cosa succederebbe se tu fossi senza PNL, se non potessi più fare esercizi?

Andrea. *Farei un passo indietro, se non dieci passi indietro e tornerei a com'ero qualche mese fa, più timido e più chiuso. Con l'aiuto della PNL ho abbandonato queste caratteristiche che, volendo o meno, appartengono a ciascuno di noi.*

Giacomo: Tu dici che senza PNL torneresti indietro. Ma come sarebbe la tua vita se te la togliessero oggi?

Andrea. *E' un problema, non voglio proprio pensarci.*

Giacomo: Inconcepibile, è vero. Quando conosci la PNL, poi non puoi più immaginarti senza. Esistono molti corsi di vendita senza PNL, per me è inconcepibile. Come si fa a fare vendita senza la PNL, senza il rapport, senza il ricalco, senza entrare in sintonia con le persone?

Andrea, vuoi aggiungere qualcos'altro, convinzioni che per te sono importanti quando studi PNL?

Andrea. *Che intendi precisamente per convinzioni?*

Giacomo: Ora è lui che modella me! Convinzioni che tu hai quando hai il tuo compagno di fronte e interagisci con lui, cosa pensi di lui?

Andrea. *Penso che mi possa insegnare tantissime cose, anche perché lui ha approcciato la PNL qualche tempo fa e comunque ho tanto da imparare da lui.*

Giacomo: Sono importanti anche le sue convinzioni, perché, ad esempio, questa esprime il perché del suo atteggiamento particolare nei confronti delle altre persone, ovvero che c'è da imparare da tutti. Se tu dovessi essere un trainer ed insegnare agli altri, che convinzioni avresti sul tuo pubblico?

Andrea. *Convinzioni molto aperte, nel senso che non escluderei nessuno ed apprenderei da ognuno di loro in minima percentuale perché comunque il buon formatore viene formato dagli allievi.*

Giacomo: Bene è una convinzione potenziante, sono tutte convinzioni potenzianti che lo aiutano ad ottenere quei risultati.

Andrea. *Ad esempio io sono anche insegnante di chitarra e tantissime tecniche, tantissimi modi li ho anche presi dagli allievi, la gran parte dei quali erano sulla mediocrità, ed è proprio per questo che io mi reputo un buon chitarrista, proprio perché tantissime cose le ho prese da loro.*

Giacomo: Se voi modellate anche il pubblico, le persone che avete di fronte, migliorate anche come trainer, a vostra volta assorbite e siete in grado di insegnare quelle strategie.

Andrea. *Sono io a ringraziare loro.*

Giacomo: Bene, sei tu a ringraziare loro. Ora facciamo ancora un passo avanti, parliamo di *identità,* chi sei tu per essere così appassionato?

Andrea. *Innanzitutto mi reputo una persona intelligente, una persona con tanta voglia di apprendere e di fare, una persona che ha voglia di imparare e che una volta che ha imparato trasmette ciò che ha imparato, quindi modello le persone e penso che solo così sia possibile raggiungere degli obiettivi.*

Giacomo: Bene, solo in questo modo. E' una sua convinzione, lui si reputa così e questa è anche la sua unica via. Pensa che continuerà ad essere così, è la sua identità, la sua essenza.

Andrea. *Ciò non vuol dire che se troverò un'altra strada migliore della mia non la modellerò.*

Giacomo: Bene, ti ho provocato e la tua risposta mi piace molto. La dice lunga anche sul suo atteggiamento di apertura e flessibilità. A domande sull'identità vi risponde che è disposto a cambiare se trova un migliore modo di essere, una nuova convinzione e una nuova identità, quindi modellate questa capacità. Perché tu sei così bravo ad insegnare o ad essere appassionato di PNL, perché proprio tu?

Andrea. *Anzitutto perché studio e faccio esperienza con persone che hanno molta più esperienza di me. Due perché ho degli obiettivi precisi come quello, in questo caso, di divenire trainer e quindi devo necessariamente apprendere quanto più possibile da quante più persone possibile.*

Giacomo: Cosa hai tu di straordinario rispetto alla PNL?

Andrea. *Beh, proprio la passione totale e la voglia di apprendere.*

Giacomo: Bene, avete questo stesso atteggiamento? Se tu dovessi dare un consiglio ad altri per apprendere questo tuo atteggiamento?

Andrea. *Lasciatevi andare e provate.*

Giacomo: Questa è la base della PNL, modellare il genio e poi sperimentare su di sé, provare, perché altrimenti, poi non si è in grado di insegnarlo.
Ultimo livello, un passo ancora in avanti, *spiritualità e missione.* La parte spirituale, la missione ultima, il nostro obiettivo finale di vita, ciò che per noi è più importante in assoluto. Bene, qual è questa tua missione?

Andrea. *Da un punto di vista personale quello di divenire trainer e quindi di organizzare dei corsi aperti al pubblico ed a livello aziendale, come visione. Se voglio ottenere il successo devo divenire in gamba prima io per poi prendere persone sotto di me, formarle, modellarle e quindi farle lavorare.*

Giacomo: Modellarle e quindi imparare dai tuoi stessi allievi come hai detto prima, vedo che sei coerente ed allineato. I passaggi del modeling conscio assomigliano al processo di allineamento che facciamo nel corso di leadership perché comunque passiamo per vari ambienti. Nel caso di Andrea, comunque, non c'è alcun bisogno di allinearlo, lo è già per conto suo. Stiamo estraendo da lui qualcosa di interessante per noi che lo stiamo modellando, siamo interessati ad apprendere come lui faccia. Come fa ad essere così allineato? La risposta è in tutte le risposte che vi sta dando. Soprattutto in quelle riguardanti la missione, lui dice di essere così allineato perché la sua missione è quella di fare il trainer, di seguire altri trainer, di imparare da loro. Il suo atteggiamento è questo, lui dice di volerli modellare, di voler imparare, questa è la risposta.

Bene, cosa deve rimanere tra cento anni? Immagina ora di essere invecchiato con i capelli tutti bianchi...

Andrea. *Prima di tutto un buon ricordo e l'aver aiutato tantissime persone.*

Giacomo: Che intendi per "buon ricordo"?

Andrea. *Buon ricordo nel senso che qualcuno possa dire: "Andrea, 50 anni fa, mi ha aiutato a superare questo problema".*

Giacomo: Quindi lasciare agli altri un buon ricordo.

Andrea. *Sì, che qualcuno dica: "Andrea 50 anni fa mi ha aiutato a fare questa cosa che altrimenti non avrei mai potuto fare o mi ha aiutato a superare questo problema".*

Giacomo: Per quanto riguarda una tua soddisfazione personale indipendentemente da chi hai aiutato o dagli altri?

Andrea. *A parte un riconoscimento dagli altri, comunque la convinzione che io sono stato il perno, quel perno che ha determinato il cambiamento in quella o in quelle persone.*

Giacomo: Bene, Andrea io ti ringrazio perché ci hai dato un ottimo esempio di modello da cui imparare una straordinaria passione per la vita. Buon lavoro!

****

Questa è stata una dimostrazione molto efficace della potenza del modellamento. Non solo io e il mio pubblico abbiamo imparato nuove strategie per appassionarci alla PNL, ma lo stesso Andrea si è reso più consapevole delle sue strategie e del suo incredibile allineamento personale. Quindi un doppio risultato.

Personalmente mi piacerebbe avere un confronto con Anthony Robbins, per rivolgergli le stesse domande che ho rivolto ad Andrea, sono sicuro che le risposte sarebbero davvero molto simili e altrettanto interessanti. Perché non esiste un livello di passione più intenso di chi ti dice di voler aiutare il prossimo, capire ed imparare dai propri simili. In questo Andrea è molto simile a Robbins, anzi, forse la sua passione è anche maggiore, nel senso che Robbins è ormai un professionista rodato con anni di esperienza alle spalle e forse l'entusiasmo dei primi tempi non è sempre uguale. Al contrario Andrea è agli inizi ed ha il fuoco sacro tipico di chi parte per una sfida tutta nuova.

Se ti interessa diventare un trainer bravo quanto Robbins segui i suoi corsi e modellalo. Ti chiederai come faccia ad essere un così bravo trainer, come faccia a modellare le persone con tanta efficacia, e così via. Il *come*, infatti, è la domanda chiave in grado di estrarre la strategia, occorre perciò fare domande a tutti i livelli. Il modellare Andrea sulla sua passione per la PNL, io credo abbia già funzionato anche per te che leggi. Probabilmente ti sentirai già più portato ed appassionato verso lo studio della PNL, più motivato nel fare esercizi, nel trovare quell'ora in più al giorno per leggere un libro o per fare qualche esercizio o riguardare gli appunti del corso.

Non necessariamente dovrai diventare come lui ed applicare tutto ciò che ha detto. Le sue risposte potranno servirti come stimolo aggiuntivo ad interessarti sempre più profondamente alla PNL. Questo concetto è davvero importante, perché modellamento non significa copiatura, non significa diventare un clone della persona che si modella. Personalmente non voglio diventare né Robbins, né Andrea. Né Andrea vuole diventare me o Robbins o qualcun'altro. Andrea è Andrea, Giacomo è Giacomo e tu sei te stesso, ma ognuno di noi può apprendere nuove strategie dagli altri, cose nuove, emozioni e sentimenti. Tutto ciò che per te è bene, è importante, puoi apprenderlo e migliorarlo, parliamo di strategie, abilità che si possono imparare.

Un proverbio dice: "Se incontri una persona e vi donate reciprocamente una moneta da 1 euro, ciascuno rimane con 1 euro. Ma se vi donate reciprocamente un'idea, ciascuno rimane con 2 idee".

SEGRETO n. 36: il Modellamento è basato sullo scambio di strategie per la reciproca crescita personale e professionale.

Voglio diventare più appassionato? Bene, come faccio? Prendo a modello una persona molto appassionata e ne estraggo le strategie, cercando di capire come fa ad essere così appassionata. Se voglio smettere di fumare prendo una persona che ha già smesso e lo modello. Gli chiedo: "Come hai fatto a smettere di fumare?", e magari mi risponde qualcosa di importante a livello di identità, come ad esempio: "Semplice, prima ero un fumatore accanito ed ora sono un non fumatore". Già questa può essere una forte differenza, infatti, nello smettere di fumare, l'identità che ci si attribuisce è fondamentale.

Ho tanti amici che hanno deciso di smettere di fumare ma si vedono ancora come fumatori, quindi non riescono a smettere. Dicono: "Sì, non fumo più, però da sempre sono un fumatore", quindi lo saranno fino a che non si sentiranno diversi a livello di identità. A questo proposito sono stati fatti diversi studi ed un lavoro di modellamento su tutti i livelli, si è infine scoperto che per uscire da una qualsiasi situazione per noi negativa la prima cosa da cambiare è la propria identità, il sentirsi in un certo modo piuttosto che in un altro.

Lo stesso principio vale anche per chi si mette a dieta, fino anche non si perde l'identità di grossi e soddisfatti mangiatori non si riuscirà a perdere un etto, o se si perde un po' di peso, si recupera con gli interessi. Non basta lavorare a livello di comportamenti. Se dici: "Ho deciso di non toccare più dolci per due settimane", ma non cambi la tua identità di patito per i dolci, non passa un giorno che ricominci perché comunque hai la convinzione che mangiare dolci sia buono, ti mette di buonumore, ti toglie la depressione.

Quindi lavorare su livelli come l'identità, le convinzioni e lo spirito è fondamentale. Fai caso alle motivazioni che spingono Andrea. Tu puoi dire: "E' appassionato", sì, uno potrebbe fermarsi al primo livello, invece lui ha detto: "Io lavoro spesso, al 90% con Mario", tu potresti dirmi: "Io non ce l'ho un compagno con cui fare quegli esercizi, quindi non potrò mai raggiungere quel risultato". Se uno si ferma all'ambiente è già spacciato, nel senso che non è a quel livello la differenza, la noti al momento in cui Andrea dice: "Io sono aperto, io voglio fare il trainer per aiutare gli altri", e così via. Se tu non vuoi fare il trainer va bene lo stesso, però puoi essere comunque un appassionato per tuo piacere.

Poco fa ho ricordato anche di come Andrea abbia parlato di crescita personale, di differenze rispetto a come era mesi fa. Puoi modellare da ciò che ha detto tutto ciò che per te è utile, così come puoi fare con ciò che dico io. Chi vuol fare il trainer, ad esempio, potrà modellare il mio modo di parlare in pubblico, altri tra i miei allievi potranno imparare a gestire le altrui obiezioni, altri a far sì che i propri rapporti interpersonali siano più soddisfacenti o ad acquistare autostima modificando il proprio atteggiamento mentale. Sono comunque strategie molto utili da imparare e come da me, puoi imparare cose utili da chiunque.

Tu potrai individuare, nel tuo ambiente, una persona molto brava e fare degli esperimenti di modellamento su di essa e scoprire, facendolo, nuove tecniche che potresti insegnare a Richard Bandler, che non è mai entrato in contatto con quella persona. Ci sarà, da qualche parte in Italia, un Milton Erickson che nessuno ancora conosce. Il più bravo dei venditori va modellato, il più bravo dei medici va modellato anche sui più piccoli particolari.

SEGRETO n. 37: anche tu puoi modellare persone brave intorno a te e scoprire tecniche originali e innovative.

Prova questo esercizio con un partner per capire bene come si fa. Immagina che su una linea ci siano i sei livelli, ambiente, comportamento, capacità, convinzioni e valori, identità e spirito e fai al tuo compagno le domande che io ho posto ad Andrea. Se ti accorgi di non ricevere risposte soddisfacenti vai a scavare e chiedi: "Cosa intendi?", oppure anche: "C'è qualcos'altro che vuoi aggiungere? Qualcosa che per te è importante, che per te fa la differenza?", devi carpire nell'atteggiamento del tuo modello la differenza che fa la differenza.

Il fondamento del modellamento conscio consiste, teoricamente, nel prendere in esame una persona che acconsenta a farsi modellare, il cosiddetto genio, e fargli molte domande. Ma ci sono anche altre strade, altrettanto valide, per raggiungere il medesimo scopo. E' possibile modellare una persona anche all'interno di una semplice conversazione, senza necessità che questa intuisca di essere modellata.

Nel modellare i trainer internazionali io certo non mi sono messo ad estrarre le loro strategie seguendo fedelmente ogni fase; ho semplicemente conversato con loro chiedendo, ad esempio, quale fosse la loro idea della PNL, le loro convinzioni e così via, ed alla fine mi trovavo comunque arricchito. Quando fai domande ascolta sempre con grande attenzione le risposte, da queste potrai risalire non solo alle strategie personali, ma soprattutto all'atteggiamento mentale del modello, al suo modo di porsi.

Io, ad esempio, ho lavorato come coach con un'insegnante che aveva problemi con i ragazzi della sua classe. A suo dire non era ascoltata perché troppo condiscendente. Le ho chiesto di indicarmi una sua collega che lei considerava rispettata dagli allievi e lei lo ha fatto. Le chiesi cosa pensava che facesse di diverso da lei e mi accorsi che sapeva rispondermi alla perfezione, quindi, teoricamente, già sapeva ciò che avrebbe dovuto fare per farsi rispettare. Infatti, stando a contatto continuamente con il suo modello ne aveva estratto, inconsciamente, le strategie.

E' molto importante analizzare i livelli. Puoi farlo anche con persone che ammiri ma alle quali non hai accesso diretto, come potrebbe essere un grande trainer, nel nostro caso. Se conosci il suo pensiero, ne hai letto i libri, ne hai visionato i corsi, puoi agevolmente immaginare come potrebbe rispondere ad alcune tue domande. Si tratta di una via di mezzo fra i due tipi di modeling, conscio ed inconscio. Di conscio c'è il fatto che fai delle domande e scrivi le risposte che ti dai, di inconscio c'è che queste risposte scaturiscono dall'idea inconscia che tu hai del personaggio che modelli.

RIEPILOGO DEL GIORNO 5:

- SEGRETO n. 31: il Modellamento è lo studio conscio e inconscio degli schemi, le tecniche e le strategie utilizzate da una persona eccellente.

- SEGRETO n. 32: il Modellamento è un atteggiamento mentale di apertura e curiosità per imparare da chi è più bravo di noi in qualcosa.

- SEGRETO n. 33: il Modellamento ti consente di imparare velocemente i segreti per eccellere in qualsiasi settore.

- SEGRETO n. 34: il Modellamento Conscio prevede un'analisi basata su domande, quello Inconscio è basato sulla osservazione diretta del modello.

- SEGRETO n. 35: lo schema di domande del Modellamento Conscio aiuta sia il modellatore che il modello ad essere più consapevoli delle strategie per eccellere.

- SEGRETO n. 36: il Modellamento è basato sullo scambio di strategie per la reciproca crescita personale e professionale.

- SEGRETO n. 37: anche tu puoi modellare persone brave intorno a te e scoprire tecniche originali e innovative.

Giorno 6: Modellamento Inconscio

Passiamo ora al modeling inconscio. Si tratta di imparare ad estrarre le strategie del nostro genio, semplicemente osservandolo nel contesto in cui attua le abilità che vogliamo apprendere. Io, ad esempio, modello anche me stesso, non solo gli altri. Il mezzo che utilizzo sono proprio i miei videocorsi, riguardandomi in azione nel contesto del quale sono appassionato, estraggo le mie strategie, mi automodello, ovvero imparo da me stesso ciò che faccio bene, individuo ciò che faccio male e miglioro.

I primi videocorsi da me realizzati, infatti, non erano certo perfezionati come gli ultimi. Mi sono reso conto, scorrendo le registrazioni, di aver avuto, inizialmente, uno stile parzialmente diverso, un ritmo leggermente più lento. Ad esempio scrivevo le lavagne in diretta, mentre parlavo agli studenti e mi sono accorto che qualcosa non andava. Risultava pesante, infatti, per chi seguiva da casa, guardare il trainer, intento a scrivere pagine e pagine di lavagne. Ho individuato ciò che funzionava bene e ciò che andava meno bene ed ho riadattato il mio stile.

SEGRETO n. 38: uno dei segreti del Modellamento è che puoi modellare persino te stesso per migliorare le tue abilità.

Guardando i miei ultimi videocorsi, che considero pressoché perfetti, mi capita di trovarmi particolarmente coinvolto da alcuni passaggi delle mie spiegazioni. In questi casi mi chiedo il perché per potermi modellare ed ulteriormente migliorare. Nel caso del corso di public speaking sono rimasto addirittura incollato alla televisione. Mi ha coinvolto a tal punto da non riuscire a smettere di ascoltare, volevo sapere come andava a finire e pensare che a parlare ero io! Mi sono chiesto cosa potevo aver fatto di diverso rispetto al solito per entrare in rapport con me stesso, ed ho trovato delle risposte che utilizzo per lavorare sempre meglio.

Una delle cose più importanti che ho imparato facendo questo lavoro, è che il segreto del buon trainer sta nel raccontare tante storie. E' una capacità che ho modellato a livello inconscio dai miei maestri, oltre che da me stesso. Mi sono accorto che esponendo puramente e semplicemente le tecniche non ottengo un effetto abbastanza incisivo nei miei studenti, che non riescono ad imprimersi efficacemente nella memoria ciò che dico. Cosa che accade, invece, se accompagno il principio con il racconto di una storia, un aneddoto che può essere capitato a me come ai miei allievi, dati riguardanti la vita reale che non solo fanno capire meglio il concetto, ma che riporteranno in mente il principio ogni qualvolta ci si ritroverà in una situazione simile.

Alcuni miei allievi mi hanno confessato di appuntare l'aneddoto piuttosto che il nome della tecnica di cui parlo in quel momento, ad esempio indicano semplicemente "tecnica del ricalco" e poi scrivono per filo e per segno la metafora del fiume. In seguito associano all'aneddoto tutta una serie di idee, tecniche, atteggiamenti e convinzioni che sono molto più forti e molto più importanti, a livello emotivo, rispetto alla tecnica stessa.

Quindi, ricorda, puoi imparare anche da te stesso. Come nell'esempio di Andrea, può essere importante avere la possibilità di videoregistrarsi mentre si agisce, per capire i propri errori e migliorare. Nei corsi di autostima mettiamo in atto una tecnica per ricercare nuove risorse dentro di sé. Hai necessità di acquisire maggiore autostima? Maggiore sicurezza in te stesso? Bene, torna con la mente ad un'occasione nella quale ti sei sentito estremamente sicuro. Se quell'episodio esiste vuol dire che hai già la risorsa in te, non si tratta che di recuperarla con le giuste tecniche e servirtene nel presente e nel futuro.

Puoi anche modellare persone che non ci sono più. Robert Dilts non è entrato in contatto diretto con il genio, bensì con l'idea che si era fatto del genio assumendo il più possibile informazioni su di lui. Dilts ha scritto moltissimi libri, tra cui i tre volumi di "Strategie dei geni", purtroppo non ancora tradotti in italiano. In essi egli studia le strategie di eccellenza di grandi personaggi storici, ad esempio inventori come Leonardo da Vinci, comunicatori e leader come Gesù, Gandhi ed Hitler. In un altro suo testo, "Sleight of mouth", frase inglese che sta per "giochi di prestigio verbale", tratta di precisi schemi linguistici utilizzati dai geni storici da lui modellati. Egli notò che, pure nelle oggettive diversità, essi avevano qualcosa in comune, riuscivano ad essere efficacissimi nella persuasione delle persone che li ascoltavano usando un certo tipo di linguaggio e riuscendo a conformarle al loro pensiero. Quindi è dimostrato che puoi modellare chiunque e questa è una forma di modellamento inconscio, in quanto deriva dall'idea che inconsciamente ti sei fatto di quella persona.

Sul modellamento di personaggi storici, ti riporto un esempio, sempre trascritto da un mio corso in aula:

****

Giacomo: Adesso, con il contributo di Mario, faremo un esercizio sul modellamento di personaggi storici; avremo in aula nientemeno che Milton Erickson! Facciamo un applauso a Mario, che avrà l'onore di interpretare Milton Erickson. Ora, con l'aiuto di Mario, che è un esperto di PNL faremo un piccolo gioco, cioè ora lui si immedesimerà in Milton Erickson. Quindi, per un po' di tempo, diverrà Milton Erickson.

Allora Mario, hai un'idea di Milton Erickson? L'hai mai visto in qualche sua foto? Immagina di averlo qui davanti. Immagina di fare un passo, entrare dentro di lui ed indossare la sua testa come fosse un casco. Da ora in poi sentiti Milton Erickson, meglio ancora, tu sei Milton Erickson. Immagina di essere negli anni '70, stai partecipando ad una conferenza e molti studiosi sono arrivati da ogni parte del mondo per farti domande. Hanno intenzione di carpire ogni tuo pensiero perché vogliono modellarti. Sappiamo che non sai cosa sia il modellamento, perché è stato appena inventato, però vogliamo sapere ugualmente tutto di te. Iniziamo con le domande.

Allora Milton, in che ambiente lavori?

Mario/Milton: *Di solito lavoro con tutte le persone che hanno bisogno di aiuto, che hanno bisogno di me, di un supporto.*

Giacomo: Lavori in casa? In uno studio?

Mario/Milton: *Sia a casa che in studio, dipende da quanto è più comodo per me e per la persona che viene.*

Giacomo: Quindi, già dalle sole notizie ambientali, mi pare di capire che è per lui importante essere flessibili a seconda della persona con la quale lavora. Avete notato che ha cambiato voce? E' molto immedesimato.

Cosa è importante di questo ambiente? Come deve essere?

Mario/Milton: *Deve essere un ambiente confortevole per la persona, si deve sentire a suo agio, si deve rilassare.*

Giacomo: Confortevole per la persona, per il cliente. Bene, passiamo ai comportamenti. Come ti comporti tu con la persona?

Mario/Milton: *La prima volta cerco di capire perché sono venuti da me e, successivamente, cerco di metterle a proprio agio, le faccio rilassare e cerco di entrare in sintonia per capire meglio l'altra persona, cosa veramente vuole ottenere.*

Giacomo: Sempre il focus sull'altra persona. Bene, come fai? Quali sono le tue capacità, le tue strategie?

Mario/Milton: *Per prima cosa la osservo già da quando arriva. Osservo la postura, come respira, come si approccia nei miei confronti, se è timida o meno. Successivamente inizio a parlarci e mi rendo conto dei toni di voce che utilizza. Se li varia su determinati tipi di argomenti, se cambia la respirazione. Successivamente inizio a fare qualche domanda che può farmi capire che problema realmente abbia.*

Giacomo: Tu riesci a percepire tutto questo?

Mario/Milton: *Sì, sono sensazioni quelle che avverto.*

Giacomo: Volevo chiedergli: "Come fai a percepirlo?", ma mi ha già risposto, mi ha detto che sono sensazioni, che lo avverte a livello sensoriale.
Che sensazioni hai nei confronti della persona che hai di fronte?

Mario/Milton: *Sono convinto che si tratti fondamentalmente di persone con qualche piccolo grande problema da risolvere, tutto sta nel capire come fare. Si tratta di problemi che abbiamo tutti, non è nulla di particolare, rientra nella normalità.*

Giacomo: Per te è importante aiutarli?

Mario/Milton: *Molto importante.*

Giacomo: Molto importante?

Mario/Milton: *Sì, fondamentale.*

Giacomo: Tornando alle strategie, come fai concretamente ad aiutarli?

Mario/Milton: *Prima di tutto faccio capire alla persona dove sta il suo problema, infatti spesso non lo capiscono, ci girano attorno senza individuarlo. Successivamente li guido verso una potenziale soluzione, però sono loro a dovermi indicare la soluzione più adatta per il loro problema. Io posso solamente guidarli, aiutarli, però non faccio altro.*

Giacomo: E' un po' la figura del moderno coach, guidare le persone senza dar loro consigli, senza dar loro risposte perché noi non abbiamo le risposte per tutto, per tutti i problemi e gli obiettivi delle persone che incontriamo.
Lui ci sta dicendo che guida la persona, facendo domande, a trovare da sole una soluzione. Chi sei tu per fare questo?

Mario/Milton: *Sono una persona che li può aiutare, sono una persona che ha più empatia di altri nel capire qualche problema, sono molto adatto a questa circostanza. Ma non perché lo sia io, ma perché vedo che le persone credono che io lo sia.*

Giacomo: Cosa realizzi nel fare tutto questo?

Mario/Milton: *Un miglioramento del loro tenore di vita ed anche del mio che, fondamentalmente, è quello che voglio fare e la cosa mi gratifica molto.*

Giacomo: Milton, vuoi aggiungere qualcos'altro? Vuoi dare un consiglio al pubblico?

Mario/Milton: *Sì, magari che quando si crede di avere un problema, in realtà si capisce che è un problema facilmente superabile, sta tutto nell'individuarlo e risolverlo nel più breve tempo possibile.*

Giacomo: Bene Milton, noi ti ringraziamo. Mario, ora puoi toglierti il casco di Milton Erickson e tornare ad essere te stesso. Senti come cambia la tua fisionomia. Allora Mario, che ci dici di Milton, cosa ti resta di questa esperienza?

Mario: *Mi è sembrato di parlarci, quindi, in realtà, sono riuscito a capire, più o meno, come potrebbe aver ragionato, e mi è parso molto utile.*

Giacomo: Le sue risposte ti possono essere utili per il tuo lavoro di trainer?

Mario: *Sì, molto utili.*

Giacomo: Sicuramente anche al pubblico. Ti facciamo un applauso e grazie mille!

****

Molto interessante, vero? Nel videocorso sul Modellamento puoi vedere questa dimostrazione in tempo reale e ti assicuro che Mario è cambiato completamente nel momento in cui ha "indossato" mentalmente Milton Erickson. E' cambiata la sua postura, la sua fisiologia, il suo tono di voce: era molto congruente. Infatti non solo ha cambiato postura, anche la voce era molto più profonda, sembrava veramente quella di un settantenne. Inoltre forniva risposte molto congruenti. Sentirlo parlare è stata un'esperienza molto penetrante, abbiamo avuto tutti la stessa impressione. Tra l'altro ci ha anche procurato dati molto utili, persino io sono stato molto incuriosito dal parlare con Milton Erickson perché sono il primo a dover apprendere.

Mario mi ha risposto sulla base delle informazioni da lui assunte su Erickson da giornali, video e testi, probabilmente se avessi fatto le stesse domande a Mario e non a Mario/Milton, mi avrebbe dato risposte diverse. Probabilmente non ha la stessa propensione all'altro, lo stesso focus di Erickson sui suoi clienti. In ogni caso è stato un esperimento estremamente interessante. Vedilo come un gioco, è un momento in cui immagini di indossare la personalità di un'altra persona.

SEGRETO n. 39: immedesimarti nel genio eccellente può aiutarti a modellarlo e a capire meglio le sue strategie.

I grandi trainer di PNL sono d'accordo con me nel dire che è un'attività di modellamento a metà tra il conscio e l'inconscio. Infatti noi facciamo domande consce, quindi utilizziamo i livelli logici di Dilts, però utilizziamo un procedimento di immedesimazione che ha le caratteristiche dell'inconscio, nel senso che le risposte che otteniamo sono il risultato di quanto assorbito in maniera automatica e inconscia. E' un modo come un altro per estrarre risorse e, se lo facciamo su noi stessi, è un modo di immedesimarsi in una situazione da noi già vissuta, recuperando la risorsa che sembrava persa e riutilizzandola nel presente. La PNL è in gran parte fatta di questi giochi che però consentono di estrarre risorse da noi stessi e dagli altri con domande e fantasie di questo tipo.

A questo proposito, un mio collega dice una cosa simpaticissima: "Ti piacerebbe far parte di un club esclusivo dove puoi parlare di filosofia con Socrate e Kant e di comunicazione con Bandler? Bene, questo club esiste e per farne parta è sufficiente…entrare in libreria!". Apri un libro scritto dal tuo genio da modellare e imparerai tantissimo. Non devi semplicemente leggere, devi penetrare le idee tra riga e riga. In questo modo potrai parlare ed entrare nella mente di chiunque ti interessi.

Ricordo che apprestandomi a scrivere il mio libro sulla Seduzione, sono partito dal modellamento dei testi che più mi erano piaciuti. In particolare mi sono basato sui testi di Anthony Robbins, per capire cosa fosse la "differenza in grado di fare la differenza" con i testi di altri autori. La risposta l'ho ottenuta dal confronto fra gli uni e gli altri e consiste nella capacità di raccontare storie allo scopo di far memorizzare concetti, proprio come dicevo prima.

La prima volta che ho letto un testo di Robbins mi sono detto: "Ma che meraviglia queste tecniche. Le voglio imparare tutte, ne voglio fare una mappa". Il libro, di 500 pagine, mi era piaciuto moltissimo, tuttavia l'autore si dilungava con aneddoti e racconti di vario genere su ogni principio. All'inizio questa caratteristica mi era parsa un limite del testo. Pensai che avrei impiegato molto meno tempo a memorizzare le tecniche se avessi cercato un testo maggiormente sintetico che elencasse i vari principi senza dire altro.

Così mi recai in libreria ed acquistai un libro, di 100 pagine scarse, sulle più importanti tecniche di PNL. Ebbene, ci crederesti? L'ho abbandonato dopo poche pagine di lettura, mentre il testo di Robbins l'avevo letto avidamente dalla prima alla cinquecentesima pagina. Era accaduto perché pur essendoci, nel testo ridotto, tutti i principi indicati nel testo di Robbins che mi avrebbero permesso di fare il lavoro di modellamento ed estrazione di strategie, questo non mi trasmetteva nulla, era asettico, freddo ed impersonale. Qual era il problema? Mancavano le storie. Se avessi approcciato la PNL leggendo questo libro, non sarei mai diventato quello che sono oggi, l'argomento non mi avrebbe attratto tanto. Avrei pensato che fosse un qualcosa di molto freddo, per trasformare le persone in robot. Invece leggere il libro di Robbins motiva tantissimo e spinge a cambiare davvero. Per cui, sapendo questo, ho inserito nel mio libro diverse storie.

Nella formazione raccontare storie è fondamentale, perché coinvolge, ti fa immedesimare, ti fa immaginare nella stessa situazione, ti rendi conto di come potrebbe cambiare la tua vita grazie ad una soluzione identica o simile. Qualsiasi tecnica spieghi durante le mie lezioni, racconto sempre anche un evento ad essa collegato che è capitato a me o ad altri. Lo faccio raccontando un aneddoto o qualsiasi cosa che possa trasmettere al meglio la tecnica stessa abbinandovi l'atteggiamento e le convinzioni ad essa sottese. Il lavoro di modellamento si può fare sempre e con chiunque, non ho dovuto intervistare Robbins, mi è stato sufficiente leggere un suo libro. Come ripeto, questo tipo di modellamento è a metà tra il conscio e l'inconscio.

Ora concentriamoci sul *modeling inconscio*, te lo spiegherò esattamente come fece John Grinder durante un corso avanzato al quale ho partecipato un po' di tempo fa. Ecco le varie fasi:

1) identifica un genio in uno specifico contesto

2) mettiti nello stato di un bambino che "non sa nulla"

3) acquisisci inconsciamente gli schemi per osservazione

4) replica gli schemi in contesti simili

5) ripeti i passi 2-3-4 fino ad ottenere risultati eccellenti

6) codifica gli schemi razionalmente e consciamente

7) insegna gli schemi a studenti che non conoscono il genio

8) ripeti i passi 6-7 finché gli studenti non ottengono risultati

Quindi per prima cosa, ovviamente, è necessario identificare il genio nel suo contesto, ovvero osservarlo mentre fa la cosa in cui eccelle. Se vuoi diventare un trainer cosa fai? Prendi in esame un buon trainer, come potrei essere io, e mi osservi mentre faccio il mio lavoro; certo non mentre guido la macchina. Il motivo è chiaro, per modellarmi, per estrarre da me le strategie di eccellenza che ti occorrono, devi vedermi in azione nel mio contesto, fare caso a quel che faccio, come mi muovo e come reagisco, come gestisco il mio stato e come gestisco le domande.

Nello stesso modo se vuoi modellare un ottimo venditore, prendilo in esame nel suo contesto di eccellenza, ovvero mentre vende la sua merce a dei clienti, non in altri momenti. Quindi, ricorda, come prima mossa è necessario identificare e modellare il genio nel suo contesto di eccellenza.

A questo punto occorre mettersi in uno stato di completa apertura, il cosiddetto stato "non so nulla". Devi sentirti esattamente come un bambino che non sa nulla di nulla ma è come una spugna pronta ad assorbire ogni stimolo in modo estremamente recettivo. Mentre ascolti le mie parole, immagina di dover ricominciare da zero, magari proprio riguardo quell'aspetto che hai intenzione di migliorare. Se volessi divenire un esperto di PNL, dovresti tornare alla mente al momento in cui non sapevi assolutamente nulla della PNL.

Una volta raggiunto questo stato di totale inconsapevolezza, ripensa alle domande che ho fatto ad Andrea riguardo alla passione per la PNL. Spesso, infatti, avendo vari preconcetti, filtriamo le informazioni, non siamo disposti ad accettare le risposte degli altri per quello che sono. Al contrario i bambini apprendono tanto proprio perché non filtrano, non limitano i dati in ingresso. Se, tornando all'esempio di prima, io avessi letto solo il libricino di 100 pagine sulla PNL probabilmente, deluso dall'esperienza, avrei rifiutato l'eventualità di un corso per approfondire la materia, perdendo una grande occasione. Se invece qualcuno mi avesse portato ad un corso di Robbins senza aver letto ancora nulla di PNL cosa sarebbe successo? Sarei sicuramente rimasto folgorato. Per riuscire nell'intento di arrivare allo stato "non so nulla" devo immaginare di non saper nulla dell'argomento che in quel momento mi interessa apprendere particolarmente.

Poi è necessario che tu acquisisca gli schemi, in che modo puoi farlo? Con l'osservazione. Osserva, osserva e lascia che le informazioni ti arrivino. Non tentare di razionalizzare perché il processo è inconscio. Immagina un bambino che apprende a parlare, a camminare, come acquisisce questi schemi? Solo con l'osservazione, per imitazione dei genitori che camminano e che parlano. Perché le lingue vanno insegnate da bambini? Perché si dice che prima le impari e meglio è? Perché poi siamo limitati, non ci va, dobbiamo sforzarci di imparare. Il bambino lo fa istintivamente, per lui l'acquisizione degli schemi è del tutto inconscia. Così come da bambino, anche in età adulta puoi acquisirli solo con l'osservazione.

Poi replica in contesti simili gli schemi acquisiti. Tu potresti pensare: "Non ho mai fatto il corso di public speaking, però ho visto parlare in pubblico Giacomo Bruno per dieci settimane di seguito, voglio provarci anch'io. Non so che schemi utilizza, quali siano le sue strategie, lo osservo e faccio ciò che mi viene in mente". Nel momento in cui otterrai i miei stessi risultati, sarai soddisfatto del tuo lavoro e vedrai le persone soddisfatte alla fine di un corso, avrai imparato a modellare bene e potrai dire di aver acquisito questi schemi.

Se non li ricordi, invece, ripeti le fasi dall'inizio anche più volte, fino a che non ottieni risultati. Per arrivare ad uno stato di totale apprendimento, ti rimetti a contatto con il genio nel suo contesto, lasci che gli schemi ti arrivino e poi riprovi. Ti rimetti in gioco, riprovi, sino ad ottenere gli stessi risultati del genio o, comunque, ottimi risultati.

Questo è ciò che Bandler e Grinder hanno fatto dall'inizio. Bandler seguiva con grandissima attenzione le sedute di Fritz Perls, era costantemente a contatto con lui, ed essendo una persona estremamente aperta e curiosa ha, inconsciamente ed involontariamente, acquisito i suoi schemi, il suo modo di fare terapia. Proprio per questo motivo, nel momento in cui anche lui iniziò a ricevere clienti, ottenne i medesimi risultati di Perls.

Tuttavia, nel momento in cui si ottengono gli stessi risultati del genio, il ciclo del modellamento non è ancora chiuso, bisogna scrivere quanto si è inconsciamente appreso. Nel momento in cui Bandler iniziò a lavorare nel campo della terapia, Grinder seguì le sue sedute allo scopo di codificare gli schemi acquisiti durante le sedute del loro genio. Al termine di una serie di sedute, Bandler e Grinder si incontravano e si rendevano conto che il terapeuta utilizzava sempre gli stessi modelli in situazioni simili, quindi essi andavano codificati. Si accorsero, ad esempio, che una data parola veniva utilizzata sempre in un dato contesto, che in un'altra situazione era stata fatta sempre un certo tipo di domanda e così via. Magari a seguito di queste codificazioni è nato il Milton Model, il MetaModello ed altri modelli linguistici. Tuttavia è importante sottolineare che nel lavoro di codifica si possono fare degli errori, in quanto inizialmente si procede per tentativi.

Una volta codificati alcuni schemi base, questi vanno insegnati ad altri che non conoscono il genio dal quale sono stati originariamente appresi. Se venendo ai miei corsi apprendi il Milton Model e poi a tua volta lo spieghi ai tuoi clienti, e loro ottengono risultati soddisfacenti, il ciclo del modellamento è finito. Hai estratto delle strategie, le hai spiegate anche a chi non ha mai visto all'opera il genio iniziale e sono in grado di ottenere i suoi stessi risultati.

Se invece insegnando gli schemi acquisiti agli altri, questi non ottengono i risultati del genio, occorre tornare sui propri passi e verificare l'esattezza e la congruità degli schemi che hai scritto. Se hai sbagliato o saltato qualcosa il tuo lavoro è compromesso, conviene ristudiare il modello iniziale o farti rispiegare la sequenza degli schemi da chi l'hai appresa. Devi ripetere questi passaggi molte volte, fino a che non otterrai dagli altri i tuoi stessi risultati. A questo punto il processo di modellamento, vero e proprio punto di partenza della PNL si chiude.

SEGRETO n. 40: il processo di modellamento è un lavoro che richiede precisione e pazienza e che dà risultati straordinari.

Ora, se è vero che Bandler e Grinder hanno iniziato il proprio lavoro a partire dalla terapia, si sono poi interessati a tutti gli aspetti della vita.

Bandler, nel momento in cui insegna, fa cose davvero particolari. Ad esempio, nel bel mezzo di una lezione si mette a suonare la pianola. Questo spunto potrebbe essere utile a chi volesse modellarlo? Forse sì e forse no. Se mi vedessi suonare la pianola in aula, durante un corso mi prenderesti forse per pazzo? Probabilmente non ha senso ai fini della formazione, ma può essere utile per trasmettere quell'atteggiamento di divertimento, di curiosità, di allegria necessario per aprire la mente di chi ascolta. Molti fra i suoi allievi potrebbero chiedersi il perché di un comportamento tanto singolare, intanto però ha colto nel segno di attirare la loro attenzione.

L'attuale socio di Bandler, John La Valle, i cui corsi costano un occhio della testa, una volta ci ha intrattenuto per due ore fingendo di spararci contro. Non parlava, si limitava a fare il verso di caricare il fucile ed imitare il suono dello sparo. Il risultato era perfetto, sembrava stesse sparando con un'arma vera

e propria, le persone si stavano divertendo e tra trainer ed allievi
si andava creando un intenso rapport.

Tra me e me pensavo che sì, mi stavo divertendo, ma due ore di
gioco mi parevano davvero troppe. Lo penso ancora, ma credo
che in quelle due ore qualcosa, a ben vedere, può aver trasmesso
qualcosa. In primo luogo ha creato un clima d'aula molto allegro,
molto divertente, e, nel farlo, ci ha insegnato come creare degli
ancoraggi. Infatti, anche nei giorni seguenti, ogni volta che
ripeteva il suono dello sparo, l'aula veniva giù dal ridere. Questo
può essere prezioso per gestire lo stato del pubblico e farlo
entrare in una condizione di particolare sintonia con l'insegnante.

Altra cosa che ci ha insegnato è ad usare i suoni. Gli americani
sono molto ferrati sull'uso della voce e dei suoni allo scopo di
rendere più vera, più reale l'esperienza che si sta vivendo. Non
dimentichiamo poi l'uso delle ancore spaziali, ovvero definire la
posizione di date persone od oggetti in dati luoghi definiti mentre
si sta parlando. Se io devo sceneggiare un mio racconto dove ho
un'insegnante che discute con la preside, dovrò spiegare al mio
pubblico l'esatta posizione che affido all'una e all'altra sulla

scena del mio racconto. Nel momento in cui mi vedrai muovermi in aula, già saprai verso chi sto andando e di chi sto parlando in quel preciso momento. Quando, durante le mie lezioni racconto aneddoti ed avvenimenti, lo faccio sempre.

Ci ha anche insegnato ad imitare rumori, a "stretchare" le parole, ovvero ad allungarle, ad insistere col tono della voce sulla parola stessa. Ad esempio io posso dire che un concetto è "moooooolto" importante. Allungare le parole serve perché trasmette qualcosa, perché usare un dato tono di voce piuttosto che un altro è fondamentale per destare l'attenzione di un pubblico, per sottolineare alcuni concetti rispetto ad altri. Nel parlare in pubblico è una grande abilità quella di saper calibrare i propri respiri, le proprie pause ad arte. Pensare che, caso strano, tutto questo può esserci stato trasmesso in due ore di gioco e sparatoria simulata.

SEGRETO n. 41: le strategie apprese per modellamento inconscio sono spesso più potenti delle strategie imparate in modo conscio.

Un mio collega trainer usa, come me, due lavagne, ma lo fa in maniera diversa, attribuendo ad esse un significato differente. Su una prima lavagna scrive tutto ciò che ritiene positivo, sull'altra tutto ciò che ritiene negativo. Sulla prima le convinzioni potenzianti e sull'altra le limitanti. Io, invece, su una prima lavagna, scrivo quelli che saranno gli argomenti principali del corso, sulla seconda i sottoargomenti. Entrambi possono essere sistemi validi. Probabilmente entrambi siamo stati condizionati, in questa forma di ordine mentale, da coloro che abbiamo modellato come maestri e la cosa è passata per via inconscia.

Nel modeling ideato da Grinder, si parte dall'inconscio, che è il dato fondamentale, per poi arrivare comunque ad una codifica delle informazioni acquisite, che, come tale diviene conscia e consapevole. Puoi utilizzarlo per qualsiasi aspetto della tua vita, il lavoro, la famiglia e così via.

Il mio libro Seduzione parla di PNL applicata alla seduzione, un binomio abbastanza nuovo qui in Italia. Alcune idee già esistevano ma non un vero e proprio schema di modellamento in questo senso. Certo nello scriverlo non mi sono limitato a chiedere agli amici come facessero a sedurre, piuttosto mi sono basato sulla mia esperienza, su modelli che mi provenivano dai media, e interviste fatte a personaggi famosi. Mi sono chiesto come facesse il grande Casanova di turno ad essere tanto fascinoso ed avere tanto successo, e mi sono dato delle risposte filtrate dalle mie convinzioni e secondo ciò che giornali e televisione possono trasmettere.

Alla fine ho scoperto che il fascino delle donne e degli uomini considerati più glamour dipende da caratteristiche sempre uguali a se stesse. Ti accorgerai che chi sceglie un compagno come un divo da idolatrare lo fa sempre in base alle medesime caratteristiche. Si tratta sempre di coloro meno disposti a darsi, con caratteri non proprio condiscendenti e così via. Si ripetono sempre i medesimi schemi. Se io potessi parlare con tutti coloro che hanno problemi di cuore direi di approcciare il proprio amato o la propria amata comportandosi in un dato modo predefinito, non c'è possibilità di fallire. Perché se una persona modella queste strategie e le replica, ottiene lo stesso risultato.

Il presupposto della PNL è che ognuno di noi può raggiungere qualsiasi risultato in qualsiasi settore, perché siamo tutti uguali, abbiamo la stessa neurologia, lo stesso cervello, lo stesso fisico. Se tu volessi diventare bravo nella guida sportiva potresti modellare Schumacher immedesimandoti in lui e facendogli delle domande cui risponderai pensando a cosa lui avrebbe risposto. Altrimenti puoi cercare di estrarre le strategie dell'amico particolarmente bravo nella guida.

Tempo fa ho fatto coaching con un trainer che tiene corsi di guida sicura, una delle mie grandi passioni. Gli chiesi come facesse a guidare tanto bene, che convinzioni avesse su se stesso e sulla propria macchina. Rispose di sentire la macchina quasi fosse un prolungamento del suo corpo, una parte di se stesso. Con quelle parole mi ha trasmesso una sensazione fortissima e mi ha condizionato al punto che ora, quando guido a lungo, non sento più le braccia stanche, ma quasi fossero un tutt'uno con il volante. Ho la sensazione che il braccio stia diventando parte integrante della macchina e questo mi dà maggiore controllo sull'autovettura. Si tratta solo di una sensazione, una percezione, però è uno spunto che questa persona mi ha offerto nel momento in cui la stavo modellando per poterlo fare più efficacemente.

Mi ha poi raccontato che il problema di molti suoi allievi è sentire la propria auto come un qualcosa di esterno. Per questo ne hanno paura, temono che il loro mezzo possa tradirli, quindi attribuiscono alla macchina una personalità potenzialmente negativa. Solo nel momento in cui ti sentirai parte della macchina, la sentirai tua amica ed alleata, ed inizierai a viverla diversamente e a comportarti diversamente. Lo spunto del mio allievo mi ha aiutato a sentirmi più a mio agio nel guidare la macchina anche per lunghi tratti. Io cerco di trarre da tutti buone idee che possano servirmi nella vita.

Chi mi ha venduto la cucina per la mia casa, era davvero molto capace, quindi ho tentato di modellare le sue capacità. Gli ho chiesto notizie sul suo lavoro, se lo amava e se riusciva a realizzare un gran numero di vendite. In realtà inizialmente mi apparve imbarazzato ed intimidito dalle mie domande, poi si aprì, perché l'avevo messo in uno stato molto positivo e mi disse che adorava vendere ed ottenere ottimi risultati. Ho chiesto poi come facesse a capire il momento in cui il cliente decide di acquistare. Mi rispose che lo sentiva emotivamente, non sapeva spiegarmelo concretamente. Come ti dicevo prima, in questo caso sono riuscito ad estrarre le strategie di questo venditore tramite un semplice dialogo, senza che lui si accorgesse minimamente che lo stavo modellando. D'altronde non avrebbe avuto senso dirglielo, si sarebbe chiuso a riccio, non sempre è possibile. In questo modo fai delle domande ed estrai delle risposte che adatti al tuo contesto. Altrimenti puoi immaginare di essere un grande venditore e darti delle risposte che pensi avrebbe dato lui.

SEGRETO n. 42: puoi modellare e imparare da chiunque in qualsiasi contesto con un semplice dialogo.

Ricorda il proverbio che ti ho citato prima: "Se due persone si incontrano e si scambiano un euro, ognuno va via con un euro. Se due persone si incontrano e si scambiano un'idea, ciascuno di loro va via con due idee", in queste parole c'è il cuore pulsante del modellamento. La cosa più importante, nell'uso di questa strategia, è quella di scambiare idee con il prossimo, imparare dagli altri le loro idee ed insegnare agli altri le proprie. Io ti comunico la mia idea e tu potrai utilizzarla come spunto per comunicare meglio.

Tutte le tecniche di cui abbiamo parlato e di cui parleremo ancora o che potrai imparare in altri corsi, non sono altro che il frutto del modellamento fatto su persone particolarmente capaci. Se impari davvero a modellare, sarai in grado di crearti tecniche tue o di apprenderle da altre persone che ti sono vicine. Potrai comunicare meglio, vendere meglio, amare meglio, fare qualsiasi cosa meglio, in maniera più efficace. In PNL, infatti, il metro di giudizio non è quello del giusto o dello sbagliato, ma dell'efficace e del non efficace, del potenziante o limitante. Se una cosa funziona, quella è PNL, se una cosa non funziona, quella non è PNL. Una convinzione mi aiuta a raggiungere un obiettivo? Bene, è potenziante, quindi è PNL. Una convinzione, invece, mi limita? Non è PNL, allora faccio in modo di cambiarla.

Richard Bandler, nei primi anni della sua attività da terapeuta, scoprì la tecnica per eliminare le fobie in pochi minuti attraverso il modellamento, le stesse che spesso i medici impiegavano ed impiegano tutt'ora anni a curare, lui era in grado di curarle in cinque minuti. Come ha fatto? Certo non ha modellato i fobici, che non avrebbero potuto insegnargli nulla, ma le persone che, pur avendo avuto fobie di vario genere, erano riuscito a superarle.

Ha messo un annuncio sul giornale chiedendo di incontrarle. Se ne sono presentate un centinaio, lui le ha intervistate e modellate.

Ad una che diceva di essere guarita dall'aracnofobia, ovvero la fobia per i ragni, ha chiesto come fosse riuscita a gestire la paura incontrollabile che prima l'assaliva. Che immagini mentali si facesse prima ed ora rispetto ai ragni. Ha fatto le stesse domande a tutti gli altri ex fobici ed ha poi codificato alcuni processi mentali comuni che erano serviti alla stragrande maggioranza delle persone esaminate per guarire.

Bandler ci racconta che una delle strategie mentali più efficaci per ridurre e poi eliminare la paura era il seguente: nel caso della persona con l'aracnofobia, essa si faceva inizialmente, quando era ancora fobica, un'immagine del ragno enorme, colorata, in 3d, poi, pian piano è riuscita a trasformarla in un'immagine lontana, piccola e spenta ed è guarita. Bandler definisce queste diverse immagini come submodalità dell'immagine.

La PNL non ha inventato nulla, i suoi fautori hanno semplicemente modellato da persone vere, reali, qualcosa che di loro funzionava, hanno codificato il tutto in schemi dopodichè lo hanno insegnato ad altri, il modellamento è tutto qui. Se conosco persone delle quali voglio modellare alcune capacità, faccio in modo di passare del tempo con loro, se posso faccio domande in maniera esplicita, altrimenti lo faccio all'interno di un discorso. Estraggo le tecniche che considero efficaci e le applico su di me, le provo. Se ottengo risultati le insegno ad altri sino a che non ottengono anch'essi gli stessi risultati. E' molto semplice questo processo, se ci pensi ti accorgi di saperlo già fare, perché, inconsciamente, modelli ogni giorno le persone che ti circondano. In più ricorda che se da bambino sei divenuto una persona adulta è grazie al modeling.

SEGRETO n. 43: la PNL non ha inventato nulla, ha solo scoperto con il modellamento le migliori strategie per ottenere risultati.

Se ci fai caso due persone che stanno spesso a contatto, come ad esempio due fidanzati, finiscono per assumere lo stesso linguaggio e addirittura lo stesso accento, quindi finiscono per assomigliarsi. A me è capitato di tenere corsi cui partecipavano un gran numero di persone del nord Italia e, alla fine del corso, mi accorsi di aver assunto il loro stesso accento, le loro espressioni e, anche oggi, a distanza di tempo, le utilizzo. Frequentando con costanza altre persone finirai per assomigliare loro in qualche cosa. Che siano le espressioni, la postura, la fisiologia o il modo di camminare.

Questo come abbiamo visto nei primi capitoli è una forma di ricalco, che è la tecnica certamente più famosa frutto del modellamento. Bandler non ha inventato nulla, ha notato che le persone che sono in sintonia fra loro finiscono per rispecchiarsi. Spesso assumono la stessa posizione, in avanti o in dietro, con occhi aperti o chiusi, utilizzano lo stesso tipo di linguaggio, lo stesso tono di voce, lo stesso volume e così via.

Ora ti mostro la trascrizione di un altro esercizio avvenuto durante uno dei miei corsi in aula. E' molto interessante perché dimostra come il modellamento possa arrivare a risultati davvero profondi di sintonia.

****

Giacomo: Ora faremo un esercizio molto interessante di modellamento tra due persone. Ho bisogno di due volontari. Uno di loro dovrà mettersi in uno stato d'animo più possibile positivo.

(rivolto al modello) Bene, tu ora pensa ad una situazione che ti piace parecchio anche se non ti chiedo qual è. Guardate come già cambia la fisiologia. Mettiti comodo e rilassato come staresti a casa tua pensando a questa cosa e stai tranquillo, non devi fare altro.

L'altra persona, Stefano, dovrà ricalcarlo al 100%. Inizia con il metterti nella situazione mentale di essere un bimbo che deve copiare tutto di chi gli sta accanto. Inizia dal copiarne la postura. Lui, invece, deve restare rilassato il più possibile e vivere la sua situazione. Deve pensare solo a cose che gli piacciono. Tu che invece lo stai osservando, prova ora a copiarne il ritmo di respirazione. Ora vogliamo andare molto più avanti rispetto al ricalco semplice, tramite il modellamento si deve arrivare ad un'identità.

Chiedo ora a voi del pubblico, che guardate dall'esterno, se pensate che nel modellamento tra i due si possa migliorare qualcosa. Vedete ancora qualcosa di diverso fra di loro? La mano sinistra? Bene, mettila come la tiene lui. Ora, la respirazione. Cerca di respirare come lui, lo vedi? Lui è abbastanza chiaro nel respirare, si gonfia e si sgonfia ritmicamente. Non devi avere lo stesso effetto fisico, ma lo stesso ritmo di respirazione. Notate altre cose che Stefano, il modellatore, può aggiustare di se stesso per somigliare sempre più al modello? Dite che deve rilassarsi un po' di più e fare un sorriso? Ecco, un'altra cosa importante è la postura da assumere nel sedersi. Vedete altro da modificare? No? Bene, allora lasciamoli così per qualche secondo e lasciamo che le immagini del modello fluiscano nella mente del modellatore.

Stefano, prova ad entrare nella stessa situazione in cui è lui, sentire le sue stesse sensazioni. Mi è capitato certe volte, facendo questo esercizio, che non solo le sensazioni che lui provava erano esattamente le stesse dell'altra persona, ma addirittura che il modellatore mi descrivesse la situazione che viveva in quel momento il modello, cioè riusciva ad offrirmi delle immagini che percepiva come viste anche dal modello in quello stesso momento. Ciò si avvicina alla lettura del pensiero che, in fondo, non è molto distante dal modellamento. Il vero modo di entrare in sintonia, per definizione, è questo.

Come ti senti Stefano?

Stefano (modellatore). *Rilassato, tranquillo.*

Giacomo: Che situazione è quella che stai immaginando?

Stefano (modellatore). *Mi sento come se fossi su un divano.*

Giacomo (rivolto al Modello): Invece qual è la tua situazione?

Modello. *Sì, sono proprio su un divano!*

Giacomo: Dai! Solo per questo facciamogli un applauso. Ma proseguiamo, che sensazioni provi?

Modello. *Di rilassamento.*

Giacomo: Beh, il divano è clamoroso, poteva essere qualsiasi altra cosa. Io pur vedendo, stando vicino, non mi viene in mente un divano se penso al rilassamento. I due ragazzi in questo momento riescono a passarsi le stesse immagini, ora che sono nella stessa postura con cui, magari, si siedono su un divano, mentre io che sto in piedi non riesco a percepirle come se le vivessi in prima persona. Ci vuoi dare qualche altro particolare, Stefano?

Stefano. *L'unico particolare che mi viene è che il divano è di pelle marrone.*

Giacomo: Certo è un po' specifico questo. Corrisponde?
Modello. *Adesso non saprei dirti un colore specifico.*

Giacomo: E' comodo questo divano?

Modello. *Sì, anche se ora sono in piedi sul divano.*

Giacomo: Va bene. L'idea di avere in mente la stessa immagine, oltre alle stesse sensazioni di rilassamento, è molto intensa. Mi è già capitato e mi lascia ogni volta di stucco perché è un qualcosa di strano ed intangibile, che sfugge al nostro raziocinio.

Ti chiedi come sia possibile che si passino la stessa immagine? Neanche io te lo so dire. Non esiste una spiegazione scientifica che ci dica come mai modellando in tutto e per tutto una persona, anche nella respirazione, ne carpiamo anche le idee. E' straordinario come abbiano potuto vedere la stessa immagine. Passi per una sensazione, il rilassamento è una cosa vaga, per cui è normale che dicendogli di mettersi a suo agio il rilassamento sia arrivato. Il divano, però, è un dato in più davvero specifico. Questo succede quando si riesce davvero ad entrare in contatto con l'inconscio dell'altra persona, in totale sintonia con la persona che stai modellando. Tanto da riuscire a provare le stesse sensazioni, vedere le stesse immagini e sentire gli stessi suoni.

Volete aggiungere qualcosa modellatore e modello? Qualche osservazione? Vi siete sentiti bene, in sintonia tra di voi? Sì, perché si crea una sintonia, un'energia che vi unisce, è davvero incredibile. A questo punto vorrei che anche voi del pubblico faceste questo tipo di esercizio, per cui procuratevi due partner, uno da modellare ed un altro che controlli dall'esterno che siate in stato di totale rispecchiamento. Ogni cosa deve collimare, oltre alla respirazione è importante che sia modellato anche un gesto casuale della mano, la postura delle gambe e del viso, un atteggiamento divertito e così via. La terza persona vi osserverà e controllerà che stiate lavorando nel modo giusto. Poi, raggiunta la perfezione nel modellamento, fermatevi un attimo e fate decantare le sensazioni.

****

Questo è un esercizio efficace e dai risultati straordinari. Mi ricordo la prima volta che mi è capitato di metterlo in pratica. Il Natale era alle porte e si parlava di regali. Mia moglie mi aveva appena comprato qualcosa e, ovviamente ci teneva a mantenere il segreto. Ho pensato: "Adesso ci penso io!", mi sono messo nella sua stessa posizione, ho ricalcato la sua respirazione, la sua fisiologia ed ho aspettato che mi arrivasse qualche immagine. Ebbene, ho indovinato il regalo, assolutamente lontano da qualunque previsione. Ci è rimasta di stucco, ha detto: "Chi te l'ha detto? Come hai fatto? Hai parlato con qualcuno?", no, avevo semplicemente indovinato a livello inconscio. Può succedere, l'importante è che tu lasci fluire le immagini, le ascolti e vi presti la giusta attenzione.

Nella nostra mente vi è sempre un flusso di immagini, ma spesso non lo consideriamo. Alcune teorie dicono si tratti di un flusso di energie, altre ne parlano in modo diverso. Ci sono mille spiegazioni, razionali o meno, a questa situazione. La PNL, invece, non cerca spiegazioni, gli basta sapere che si tratta di qualcosa che funziona per decidere di utilizzarlo nel modellamento, sfruttarlo per meglio entrare in sintonia con le altre persone.

SEGRETO n. 44: il modellamento porta ad un tale grado di sintonia da provare le stesse sensazioni e vedere le stesse immagini mentali.

Anthony Robbins fa questo esercizio durante il suo corso con 10.000 persone. L'ultima volta ha chiesto che venissero due volontari dal pubblico. Sono arrivate due ragazze, le ha fatte sedere su una sedia, comode e tranquille. Ha chiesto ad una di loro di pensare ad un'occasione nella quale si era sentita particolarmente bene, e all'altra di ricalcarla. Alla fine erano entrambe in uno stato di piacere totale, molto vicine ad un qualcosa di profondamente erotico. Il tutto si è tradotto in una scena abbastanza comica di fronte a 10.000 persone. La cosa che più ha colpito il pubblico era la trasformazione che le due ragazze avevano subito. All'inizio timidissime nel trovarsi davanti a tutta quella gente poi disinibite al punto di urlare.

Se ti metti vicino ad una persona e la rispecchi completamente, la ricalchi al 100 per cento, inizi a provare le sue stesse sensazioni. Probabilmente ti è già capitato, nella vita, di incontrare persone con cui ti trovi perfettamente a tuo agio. Forse accade perché in loro ti rispecchi spontaneamente avendo processi mentali molto simili, quindi non c'è bisogno di alcuna strategia.

Ora ti dimostro quanto sia forte ed efficace questo legame che si crea con il modellamento. Ecco un'altra trascrizione:

****

Giacomo: A questo punto faremo un altro esercizio, mi servono altri due volontari. Ecco che si avvicinano i nostri due sperimentatori. Ora uno dei due deve parlare di una sua passione.

Mario parla ad Andrea della sua passione ed Andrea deve solo ascoltarlo e magari fargli domande. Devono impostare una normale conversazione nella quale però Mario deve impegnarsi a trasmettere ad Andrea questa sua passione attraverso sensazioni ed emozioni. Ovviamente poi chiederemo ad Andrea cosa ha provato, cosa gli è arrivato.

A me è capitato di fare la parte che oggi tocca a Mario: in quell'occasione parlai del metodo per realizzare la lettura veloce. L'ho imparato a 13 anni e lo pratico da allora, leggendo centinaia di libri l'anno. E' qualcosa che mi appassiona molto e quindi ne ho parlato trasmettendo le mie emozioni. La cosa interessante è che la persona che mi stava ad ascoltare ha compreso perfettamente la mia strategia. Disse che aveva l'impressione che nel leggere fossi talmente concentrato da avere l'impressione che le parole uscissero dal libro per entrare nella mia mente. Fantastico. E' esattamente ciò che provo quando leggo, mi arrivano alla mente delle immagini ancor prima delle parole scritte. La persona che mi ricalcava non poteva in alcun modo saperlo, ero riuscito a trasmettergliela a livello subliminale.

Ma torniamo a noi, ora Mario parlerà della sua passione ed Andrea ascolterà per poi dirmi cosa prova.

Mario: *Una delle mie passioni è fare free climbing, cioè l'arrampicata libera su roccia che è una cosa bellissima. Prima di tutto vai là in tenda, per non stare sempre chiuso in casa in mezzo allo smog e stare, invece, in mezzo al verde. Di solito si va quando è bel tempo, cambia tutto, cambia l'aria, la senti. Poi quando sei lì e ti prepari entri subito in sintonia con la natura, perché sei solo tu, l'amico che è con te, la natura e la roccia. Ci prepariamo, ci imbrachiamo, e poi osserviamo la roccia e cominci a pensare di fare quel passaggio piuttosto che un altro. Poi al momento di partire ti concentri, l'altro aspetta che tu parta, ti avvicini alla roccia ed inizi a toccarla e quando la tocchi è bellissimo perché senti proprio che sta per iniziare questo viaggio.*

Giacomo: Ok, che sensazioni ti ha trasmesso, cosa senti?

Andrea. *Quando andiamo!?*

Giacomo: A parte averti motivato e convinto!

Andrea. *Mi ha trasmesso la sfida con se stesso e comunque l'amicizia perché, secondo me, per fare questo sport devi andare con una persona della quale ti fidi, una persona che deve anche essere preparata. Questo penso che mi abbia trasmesso.*

Giacomo: E' importante il contatto con la natura per te? E' una delle componenti importanti?

Mario: *Sì, soprattutto è quello, staccarsi dalla città e andare proprio in mezzo alla natura rilassato.*
Giacomo: L'idea di andare con un amico...

Mario: *Con un amico, sì, è fondamentale, soprattutto in questo tipo di sport.*

Giacomo: Perché è fondamentale?

Mario: *Perché se l'amico non ci sa fare rischi parecchio.*

Giacomo: Confermi ciò che ha detto lui?

Mario: *Sì.*

Giacomo: Tu Andrea hai mai fatto questo sport?

Andrea. *Mai. Penso che ne avrei anche paura.*

Giacomo: Andrea è entrato talmente in sintonia con Mario da provare le sue stesse motivazioni, ad esempio l'idea dell'importanza di avere un amico di cui ti fidi, il contatto con la natura, anche se lui non le condivide pienamente e non ha mai fatto questo sport. Ha trasmesso adrenalina anche a voi del pubblico?

Sei riuscito a trasmettere persino a loro le tue sensazioni, perché ne hai parlato bene, come di una cosa bella e per te importante e questo l'hai trasmesso anche al di là delle parole.

La PNL ci dice che ci sono tanti messaggi in parallelo che vanno al di là delle parole che esprimi verbalmente: si tratta dei messaggi nascosti, delle presupposizioni, ed altre forme linguistiche. Poi, ovviamente, possiamo trasmettere immagini mentali, emozioni, convinzioni, sentimenti e sensazioni, in questo corso ci concentriamo proprio su questo aspetto.

Anche voi del pubblico, ora provate su di voi questa sensazione, facendo ciò che hanno fatto Mario ed Andrea. Recuperate il partner che avevate prima, e, a turno uno dei due parla di qualcosa che lo appassiona veramente mentre l'altro lo ascolta. Chi ascolta, tuttavia, più che ascoltare i contenuti deve immedesimarsi nella situazioni di cui parla l'altro per provare le sue stesse sensazioni; dovete riuscire a trasmettervele. Questo può succedere che condividiate o meno la passione per gli stessi sport, attività o contenuti. Siamo proprio nel nucleo della PNL e del modellamento, però fino a che non lo provate non potete capirlo.

****

Durante i miei corsi sul modellamento, alcuni miei allievi mi hanno confidato di aver addirittura provato brividi a fior di pelle nel modellare l'altro. E' proprio il tipo di sensazione che deve arrivarti. I brividi, l'adrenalina tutto quello che riesci a cogliere a livello di sensazioni da chi ti parla è positivo. Sono sensazioni che appartengono all'altra persona ma che in un certo qual modo questa riesce a trasmetterti. Anche quando guardi, o meglio osservi qualcuno puoi riuscire a carpirne le sensazioni, anche dalla semplice gestualità. Ci sono mille modi per trasmettere le cose, però c'è davvero un flusso tra te e chi ti sta parlando solo nel momento in cui riesci a vederne le immagini. Il modellamento è uno strumento molto forte, molto importante per apprendere le altrui strategie e farle nostre.

Prima ti ho riportato l'esempio della lezione in cui ho estratto al mio allievo, Andrea, la strategia di passione per la PNL. L'ho modellato sui vari livelli ed abbiamo visto in che modo lui si appassiona alla PNL. Se per caso Andrea decidesse di appassionarsi ad un'attività che in realtà non ama particolarmente, potrebbe farlo estraendo la sua strategia per la PNL ed installandosi quella per la nuova attività. Cioè noi possiamo usare le nostre stesse strategie ed applicarle ad ogni settore della nostra vita.

Ad esempio io ho lavorato come coach con una donna capacissima, assertiva e molto diretta nella comunicazione sul lavoro e incapace di comunicare efficacemente in famiglia. Non aveva il coraggio di dire le sue opinioni al marito, non riusciva a comunicare con i figli, mentre sul lavoro si sapeva far rispettare, sapeva esprimere le sue idee con rispetto dei valori altrui, aveva un comportamento perfetto. L'ho seguita al lavoro, l'ho modellata ed ho estratto diverse cose. Anzi, dovrei dire che le abbiamo estratte insieme per poi applicarle alla comunicazione in famiglia con ottimi risultati.

Ovviamente puoi anche analizzare i vari livelli su ciò che non funziona e ciò che funziona. Ad esempio potresti chiederti: "Nel mio ambiente famiglia cosa succede? Con i figli non riesco a farmi rispettare, con il marito non faccio che urlare. Al lavoro invece mi comporto nel modo migliore, sono amata e rispettata". Posso estrarre dalla situazione problematica così come da quella positiva tutti i livelli e confrontarli. Poi è necessario chiedersi di quali risorse si disponga sul lavoro per riuscire tanto bene, di cui non si disponga invece in casa. Le capacità che intuisco di avere sul lavoro le porto in famiglia e miglioro la mia situazione. Per fare questo è necessario capire bene come funzionano esattamente le strategie.

RIEPILOGO DEL GIORNO 6

- SEGRETO n. 38: uno dei segreti del Modellamento è che puoi modellare persino te stesso per migliorare le tue abilità.

- SEGRETO n. 39: immedesimarti nel genio eccellente può aiutarti a modellarlo e a capire meglio le sue strategie.

- SEGRETO n. 40: il processo di modellamento è un lavoro che richiede precisione e pazienza e che dà risultati straordinari.

- SEGRETO n. 41: le strategie apprese per modellamento inconscio sono spesso più potenti delle strategie imparate in modo conscio.

- SEGRETO n. 42: puoi modellare e imparare da chiunque in qualsiasi contesto con un semplice dialogo.

- SEGRETO n. 43: la PNL non ha inventato nulla, ha solo scoperto con il modellamento le migliori strategie per ottenere risultati.

- SEGRETO n. 44: il modellamento porta ad un tale grado di sintonia da provare le stesse sensazioni e vedere le stesse immagini mentali.

Giorno 7: Strategie Avanzate

Le strategie sono quella serie di processi mentali inconsci che regolano il nostro comportamento nel fare ogni cosa, esattamente come i software per il computer. Per questo motivo fai le cose in un certo modo o reagisci sempre nello stesso modo.

Si tratta di un argomento piuttosto impegnativo ed avanzato, destinato in genere solo a professionisti della PNL che abbiano già delle buone basi. Ritengo che dopo aver letto tutta questa guida tu lo sia, quindi ho il piacere di spiegartele perché possono veramente darti una marcia in più rispetto agli altri. Capire le strategie proprie o dei modelli di eccellenza che hai la possibilità di modellare, significa migliorare notevolmente le tue abilità, la tua autostima e la tua motivazione.

Le strategie sono come una ricetta. Ad esempio mia zia è bravissima nel fare i dolci, fa delle torte buonissime. La mia preferita è un pan di Spagna al cioccolato farcito alla nutella o alla panna, che io adoro e che mia zia fa praticamente solo per

me. Mi dura due tre giorni al massimo, perché ne mangio un po'
dopo pranzo, un po' dopo cena, un po'a colazione e poi finisce: è
davvero molto buono. Poi, ovviamente, faccio il corso per la dieta
per aiutare quelli come me che mangiano troppi dolci! Ora
diciamo che io sia un amante dei dolci così estremo da decidere
di fare io stesso la torta. Mi faccio dare la ricetta, mi metto in
cucina con tutti gli ingredienti, provo... ma non è che mi venga
troppo bene. Ti è mai successo di replicare la ricetta di un piatto
che ti piace particolarmente e di ottenere un risultato deludente?

Succede perché chissà quante cose puoi aver sbagliato o perché
quella persona non ti ha detto esattamente i particolari del
procedimento che segue. Magari la cuoca da cui hai copiato la
ricetta si è dimenticata di dirti che quando mescola gli ingredienti
segue sempre lo stesso verso perché sennò l'impasto non viene
bene.

Nel modellamento la cosa ideale, come hai visto sinora, è seguire
la persona mentre opera nel contesto in cui la vuoi modellare.
Non farti dare la ricetta dalla cuoca, bensì *osservala* mentre la
mette in atto, è la cosa migliore. Invitala a casa tua ed osserva ciò

che fa. Io l'ho fatto e, da buon modellatore, mi sono reso conto di ciò che faceva in più, rispetto a ciò che c'era scritto sulla ricetta.

Come posso individuare le strategie in questa metafora? Tu sai che la mente umana, secondo la PNL, ha esperienza della realtà attraverso tre canali, visivo, auditivo e cinestesico. Si tratta dei tre sistemi rappresentazionali. Io ho delle immagini mentali, dei suoni e delle sensazioni, quindi mi muovo nel mondo, vedo, ascolto e sento. Le userò nel mio linguaggio, nel mio modo di comunicare, nelle mie rappresentazioni interne.

Quindi V, A e K, il canale visivo, auditivo e cinestesico sono gli *ingredienti* della torta oggetto della metafora.

La zia mi dà l'elenco degli ingredienti. Mi dice che ci vuole un po' di farina, il cioccolato, la panna, le uova, l'olio o il burro, che corrispondono a V, A e K. A questo punto è necessario sapere le quantità in cui vanno dosati i vari ingredienti, quindi quanto A? Quanto V? Quanto K? Per questo in PNL ci aiutiamo con le submodalità. Quindi un'immagine mentale, visiva (V), può essere grande, media o piccola, vicina o lontana. Poi passiamo a scoprire le qualità dei vari ingredienti, ad esempio so che mi serve la farina 00, il cioccolato fondente e così via. Una serie di qualità che, nel caso delle strategie, possono corrispondere al binomio esterno ed interno. Ad esempio, se io mi trovo nella sala dove tengo i corsi e la guardo, ho di lei un'immagine *esterna*. Se poi chiudo gli occhi, questa immagine, che ancora vedo, non sarà più esterna ma *interna*, quindi è non più nei miei occhi ma nella mia mente.

A questo punto mi manca solo la *sequenza* con cui devo utilizzare questi ingredienti, ovvero la ricetta vera e propria. Certo non metto tutti gli ingredienti insieme e poi inserisco il tutto in forno. Prima mescolo farina e latte a lungo, poi aggiungo il tuorlo d'uovo montato a neve, poi il cioccolato. Se io seguo esattamente la ricetta, ho gli ingredienti giusti e le giuste quantità, il risultato sarà perfetto, identico a quello di mia zia.

Il ruolo della *strategia* è corrispondente a quello della ricetta. E allora qual è la ricetta della motivazione? E quale quella dell'autostima? Ancora, qual è la ricetta della sicurezza in se stessi?

Quindi se io ho una certa strategia nel motivarmi, so che questa si realizza in una serie di passaggi. Ad esempio voglio motivarmi a tenere un corso di formazione. Come faccio? Semplice, studio i miei processi mentali, ovvero quello che accade nella mia testa quando mi sento motivato.

La mia strategia è questa: prima mi creo l'immagine di me stesso che tengo la sessione di corso con tutti i miei allievi (Visivo interno = Vi). Poi arriva una vocina interiore, quindi una componente auditiva interna (Ai) che mi dice che non vedo l'ora di tenere il corso. Ho poi una sensazione interna positiva (Ki+) che mi fa sentire una emozione piacevole al solo pensiero, mi fa sentire contento e motivato. Questa è una strategia che potrebbe funzionare bene anche per altri e contiene tutte e tre le componenti. Riepilogando e volendo schematizzare la mia strategia di motivazione è fatta da questa ricetta:

Vi > Ai > Ki+

Questo significa che quando il mio cervello vuole motivarmi mi fa vedere un'immagine interiore, mi dice qualcosa e mi fa sentire bene. Il K, che corrisponde alla sensazione, può essere "più" o "meno", quindi K+ o K-. Il K+, corrisponde ad una sensazione positiva, vuol dire che sono contento di fare qualcosa, che ho voglia di farlo. Il K- ad una sensazione negativa, vuol dire che non ho voglia di fare una certa cosa.

SEGRETO n. 45: la strategia di motivazione è la sequenza di immagini (V), suoni (A) o sensazioni (K) che si susseguono a livello mentale quando ci si motiva.

Qualche tempo fa ero dal fotografo che mi ha consegnato le foto del matrimonio. E' un artista, dal cliente accetta solo poche indicazioni e poi è lui a decidere, tra i moltissimi provini, le foto da mettere in album ed il loro ordine. Gli ho chiesto, piuttosto incuriosito, come facesse a scegliere fra due foto che a me apparivano esattamente identiche. Ho cercato di modellarlo, di capire la sua strategia mentale nel decidere per una foto. Lui mi ha risposto che era questione di sensazione. Nel guardare due foto simili, per una delle due ha una sensazione particolare, poi la guarda razionalmente e trova il particolare che lo colpisce e che secondo lui, a livello fotografico, è una forma d'arte. A quel punto sa che quella è la foto che va bene ed è contento.

Mi ha quindi offerto la sua strategia in un semplice dialogo, andiamo a ricapitolarla: guarda la foto, visivo esterno (Ve), poi ha un k interno (Ki+), una sensazione interna che gli dice che quella foto ha un qualcosa in più che gli piace. Poi se la guarda meglio, visivo esterno (Ve), trova il particolare che probabilmente aveva già visto il suo inconscio, e di nuovo un k interno positivo (K+) gli fa capire che è proprio la foto adatta. Quindi Ve > Ki+ > Ve > Ki+

Per farti un altro esempio ti parlerò della lettura veloce. A scuola ci insegnano a leggere ad alta voce, un metodo efficace al momento ma limitante per il futuro. In un primo momento, infatti, leggere ad alta voce aiuta a memorizzare i vocaboli ed a pronunciarli nel giusto modo. Con il tempo, però, la voce non è più esterna, diventa interiore e finisce con il rallentarci tremendamente nella lettura di un testo. Confrontiamo adesso la strategia di lettura ordinaria, come ce la insegnano a scuola, e la mia strategia di <u>lettura veloce.</u>

Nella strategia ordinaria ho, inizialmente, un visivo esterno (Ve), quindi vedo la parola e la frase. La ascolto mentre la leggo, quindi ho una componente auditiva interna (Ai). Da piccolo la componente auditiva era esterna (Ae), cioè io la leggevo realmente ad alta voce e la sentivo fisicamente con le orecchie. Crescendo non ho letto più ad alta voce ma mentalmente, ripetendo il testo dentro di me, tuttavia questa componente è rimasta ed è divenuta interna (Ai). Dopo essermi ripetuto mentalmente ciò che ho letto ho la sensazione positiva (Ki+) legata al fatto che ho capito, o negativa (Ki-) se, al contrario, non ho capito. Quindi Ve > Ai > Ki.

Qual è il problema di questa strategia? Che quando io vedo una parola il cervello, in un millisecondo, si crea un'immagine mentale corrispondente ad essa. Al contrario per leggerla ripetendomela dentro (Ai), impiego circa un secondo, quindi un tempo assai più lungo.

Leggere mentalmente una frase col metodo ordinario mi porta via tutto il tempo che impiegherei se la leggessi ad alta voce. Più di tanto, perciò, non posso andare veloce. Ecco dimostrato che è la componente auditiva interna (Ai) a rallentarmi. Il cervello, in realtà, non ne avrebbe assolutamente bisogno, potrebbe saltare questo passaggio passando dal visivo esterno (Ve) al visivo interno (Vi), io vedo la parola, mi arriva un'immagine, e ciò è sufficiente per capire (Ki+). Nel momento in cui vedi l'immagine, in realtà, hai già capito, non hai bisogno di dovertela ripetere auditivamente. Per cui lo scopo dei corsi di lettura veloce è andare a lavorare sull'auditivo interno (Ai), per far sì che questa componente segua la nostra velocità di lettura, il tutto attraverso strategie piuttosto semplici, per poter duplicare, triplicare, decuplicare la tua velocità di lettura. Quindi Ve > Vi > Ki+

Come faccio io a leggere velocemente? Ho eliminato la componente auditiva dall'età di 13 anni. Per me è stato più facile perché è avvenuto in un'età in cui non ero ancora così abituato al freno della componente auditiva interna, poi anni ed anni di pratica mi hanno sicuramente aiutato. Mi capita spesso di leggere anche 10 libri in una serata.

Bandler, Grinder ed altri hanno studiato e trovato nuove strategie di apprendimento rapido grazie al modellamento delle strategie di coloro che già leggevano velocemente. Robert Dilts ha scritto un libro intitolato "Apprendimento dinamico", nel quale ribadisce la necessità di modificare la componente auditiva interna per velocizzare la lettura. Imparare può essere inizialmente un po' difficoltoso, ma una volta che si è fatta esperienza diventerà l'unico modo per te possibile di leggere e questo si può fare utilizzando le giuste strategie. Se modelliamo una persona che ha queste capacità, capire quali siano esattamente i processi mentali del nostro genio ci potrà aiutare a comprenderne meglio le strategie. Inoltre con questo studio potremo prendere maggiore consapevolezza delle nostre strategie di motivazione e di decisione.

Ho lavorato, ad esempio, con una persona che aveva problemi a prendere decisioni. Anche davanti ad un menù, a tavola, con gli amici, non riusciva a scegliere il piatto da ordinare, ci pensava dieci minuti dicendo ai suoi amici: "Un attimo, un attimo, devo decidere", infine chiedeva: "Voi che prendete?", rimettendo agli altri la sua mancata decisione. Si può dire che la sua falsa strategia lo portava ad un *loop*, ovvero un circolo vizioso in cui non si arrivava mai ad un K decisivo. Io gli ho insegnato a saltare dei passaggi per arrivare direttamente al K finale. Quindi si può cambiare, si può reinstallare una strategia nuova, si può modellarla dagli altri ed usarla su se stessi.

SEGRETO n. 46: le strategie sono fatte di componenti V,A,K e possono essere modificate, migliorate e rese più efficienti.

Tutte le strategie finiscono in un K, cioè in una sensazione, questo è un dettaglio importante, che non trovi sui libri. Il perché sia importante lo si capisce dalla vita di tutti i giorni. E' assolutamente normale che prima di decidere per l'acquisto di una oggetto, tu lo osservi, ti dici delle cose, hai delle sensazioni, lo osservi nuovamente prima di arrivare alla K finale che ti porta a volerlo prendere. Questo è un risvolto importantissimo nella vendita.

Bandler e John La Valle, in "Persuasion Engineering", uno dei loro corsi più famosi poi tradotto in un libro, parlano proprio di questo aspetto. Loro pensano che nella persuasione in generale e nella vendita in particolare, occorre ricalcare le persone. E' necessario sintonizzarsi sulla loro lunghezza d'onda, se la persona è in quel contesto visiva parli in visivo, se è auditiva parli in auditivo, se è cinestesica in cinestesico. Poi, una volta in sintonia, occorre prenderla per mano e guidarla sempre sul cinestesico, perché è con il K, quindi con le sensazioni, che si decide se comprare o meno qualcosa.

Bandler fa l'esempio di un dialogo tra un venditore ed un acquirente. L'acquirente dice al venditore che "non si vede assolutamente bene indosso un certo capo", il venditore replica che forse, sì, può non vedersela bene, ma probabilmente la "sente" molto bene, e la vendita in questo modo va sempre a buon fine. Il bravo venditore ha capito, da una battuta dell'acquirente, che si trovava davanti un soggetto in quel momento visivo, quindi cosa ha fatto? L'ha ricalcato sul "vedere" e poi l'ha guidato sul "sentire", sulla sensazione piacevole che il capo gli trasmetteva. Ricorda che se è vero che all'acquisto ci si motiva con la razionalità, alla fine è la passione, l'istinto, il K che ti porta a dire che una certa cosa è giusta per te e che la vuoi.

SEGRETO n. 47: le persone decidono sempre con le emozioni quindi nel ricalco bisogna guidare verso il cinestesico (K).

La maggior parte delle decisioni sono prese con le emozioni, questo i bravi venditori lo sanno, quindi ti portano sulle emozioni, sul K. John La Valle viene pagato decine di migliaia di dollari per fare pochi giorni di formazione sulla vendita, durante i quali non fa che parlare del K. Dice ai suoi allievi di fissarsi in mente il concetto del K, altrimenti le loro vendite non andranno mai a buon fine.

Per ricollegarci al capitolo sulla comunicazione efficace e sul ricalco, capire le strategie mentali di una persona ti aiuta a ricalcarla ancora meglio, quindi ad entrare in una sintonia ancora più profonda con lui. Capirla è facile: come io ho fatto con il fotografo, ancora una volta basta ascoltare le parole usate dal tuo interlocutore.

SEGRETO n. 48: il ricalco delle strategie è una forma molto avanzata e molto potente per entrare in sintonia con le persone.

Dal punto di vista più scientifico del modellamento le strategie sono utili perché:

1) puoi modellare un genio e capire quali sono le sue strategie per raggiungere risultati.

2) puoi modellare te stesso ed estrarre le tue strategie per modificarle e rendere più efficienti.

Ad esempio quali strategie utilizzi la mattina per svegliarti? Cosa ti dici non appena apri gli occhi? Alcuni si dicono: "E' tardi!" (Ai). Dalla componente auditiva interna passeranno in breve ad un Ki- attraverso il quale si dicono (Ai) che è il momento di alzarsi e, tutti costernati, iniziano la giornata già col peso e l'affanno di milioni di cose da fare (Ki-). Non è una grande strategia, non molto motivante, inoltre si inizia una giornata non felicissima. Quindi Ai > Ki- > Ai >Ki-

E' una strategia che funziona perché ci si alza dal letto. Solo che ci si alza di pessimo umore e motivati dal ritardo.

Qual è invece la strategia di chi si alza tranquillo e senza sforzo? Magari costoro pensano: "E' una bella giornata" (Ai). Da questa componente auditiva interna si passa a delle immagini piacevoli di quello che li aspetta durante il giorno (Vi) e infine ad una piacevole sensazione Ki+ che ti porta ad alzarti con la gioia di vivere una nuova giornata, di voler fare un sacco di cose e così via. Quindi: Ai > Vi > Ki+

Molto meglio, non credi? Sarebbe giusto prendere coscienza della propria strategia di risveglio, se non altro per avere la possibilità di cambiarla, se non ci piace. Perché funziona il dirti: "E' tardi!", ottiene l'effetto di svegliarti però potrebbe non essere così bella, quindi puoi modificarla. Si possono modificare le strategie, si possono accorciare. Prima però dobbiamo imparare ad estrapolarle dalle altre persone in modo da poterle poi apprendere noi stessi. Quindi, volendo *estrarre* la strategia di motivazione da una persona, segui queste fasi:

1) Prima fase: prendi il "genio" e mettilo in uno stato associato, cioè fallo entrare in un contesto in cui è motivato, in cui decide velocemente, in cui ha la strategia che vuoi estrarre.

2) ora devi rallentare il suo processo mentale per renderti conto di tutti i passaggi che fa per motivarsi: non sempre, infatti, la persona che stai modellando è in grado di rivelarteli con precisione.

3) Poi estrai, passaggio per passaggio, questa strategia.

4) Se è migliorabile puoi riprogettarla, quindi accorciarla, renderla più efficace, migliorarla.

5) Infine reinstallarla in lui migliorata o installarla in te stesso.

SEGRETO n. 49: modella un genio ed estrai le sue strategie per ottenere risultati e poi applicale a te stesso.

Anche se può sembrarti piuttosto impegnativo, in realtà tutto il procedimento è molto semplice. Ti riporto la trascrizione di una dimostrazione che ho fatto in aula:

****

Giacomo: Facciamo ora, con un volontario, un esempio di estrazione di strategia. Allora, Mario, parliamo di motivazione. Ti interessa una buona strategia di motivazione da applicare in qualsiasi contesto? A te è mai capitato di essere motivato? Se sì, in che contesto?

Mario: *Vediamo... quando devo intraprendere qualche attività.*

Giacomo: Ad esempio? L'ultima che hai intrapreso?

Mario: *L'ultima volta ho deciso di aprire una società con due amici.*

Giacomo: E l'hai aperta?

Mario: *Sì, la sto aprendo.*

Giacomo: Quand'è che hai deciso di aprirla?

Mario: *Quando ho deciso che era una buona possibilità.*

Giacomo: Come hai fatto a capire che lo era?

Mario: *L'ho vista produttiva ed ho avuto una sensazione di grinta, di potercela fare, che fosse un qualcosa che potevo fare. Che mi sarebbe riuscita.*

Giacomo: Già dal linguaggio ci hai dato una serie di informazioni molto preziose. Ci sono arrivato attraverso un semplice scambio di idee, un normale dialogo, in teoria senza che tu ti possa accorgere della mia volontà di modellarti. In generale se voi lo aveste incontrato per strada, gli avreste potuto dire: "Ma dai, hai aperto una società? Come hai fatto a capire che era il momento giusto?", risposta: "L'ho vista e l'ho sentita", ha usato questi due verbi, vedere e sentire. E' interessante, visivo e poi direttamente cinestesico, ma, come sai, potrebbe essere il tipico caso in cui mancano dei passaggi intermedi. Quindi rallentiamolo ed andiamo ad approfondire.

Mi hai detto che eri motivato. Immagina di rallentare il processo di motivazione, di rivederlo a rallentatore, frame per frame, immagine per immagine.

Mario: *Ho visto che era una situazione nella quale mi potevo vedere, che in quel contesto avevo le capacità giuste e quindi ho provato una sensazione di riuscita.*

Giacomo: Ci ha dato una risposta conscia nella quale ha ripetuto più volte il verbo "vedere" seguito dal K. A questo punto puoi essere ragionevolmente sicuro che ci sia una componente visiva (Vi) e la componente cinestesica (Ki+).

Semplice e breve, sin troppo facile. La cosa anche molto interessante è che, però, questa sua strategia mi è stata confermata da un altro suo particolare ovvero il movimento degli occhi verso l'alto mentre parlava di "vedersi" nelle situazione per lui motivante. In PNL si dice che quando qualcuno guarda verso l'alto, vede immagini. Questo mi dice che le sue parole erano congruenti a ciò che sentiva, ha detto "vedo" guardando immagini che passavano nella sua mente. La sua strategia è quindi attendibile.

Spesso non sappiamo quale sia la nostra strategia perché non ne siamo consci, non ne siamo consapevoli. Mario ha detto: "Vedo me stesso fare...", quindi si è dissociato, mi parla in terza persona vedendo se stesso fare qualcosa. Questo è interessante perché, in effetti, molte strategie di comunicazione della PNL, modellate proprio dalle persone, prevedono questo stato di dissociazione.

In particolare, nel corso sugli obiettivi, uno degli esercizi più efficaci consiste proprio nel dissociarsi da se stessi e vedersi nel futuro, ad obiettivo già raggiunto. Poi bisogna associarsi, entrare nell'immagine per viverla al massimo e provare le sensazioni di successo. Infine occorre procedere a dissociarsi nuovamente e tornare nel presente dove si è consapevoli di non aver ancora raggiunto quell'obiettivo ma di aver già provato la grande soddisfazione di averlo raggiunto, trovandosi, quindi, molto più motivati. Quindi il momento di associazione serve a farti provare le belle sensazioni di aver già raggiunto il tuo obiettivo. Poi un momento di dissociazione perché devi renderti conto che però devi ancora raggiungerlo, lasciandoti quindi con la motivazione molto alta.

Quindi la PNL conferma che l'idea della dissociazione è un qualcosa di motivante. Consideralo come la qualità, la quantità, le varie sottigliezze che ci sono all'interno di un ingrediente della nostra ricetta. Per Mario, evidentemente, è importante dissociarsi per motivarsi in maniera più efficace.

Riesci a spiegarmi meglio questo passaggio?

Mario: *Sì, mi vedo proprio a farla questa attività, quindi a fare questa azione, interagire. Vedo che va tutto bene, vedo che ho le capacità adatte per quel contesto, anche perché mi piace.*

Giacomo: Fai attenzione alle singole parole, perché sono quelle che fanno la differenza. L'aver notato la dissociazione, aver notato il visivo, aver notato la sensazione, i movimenti dei suoi occhi, cioè tutta una serie di componenti, è fondamentale.

Ora, la cosa interessante da fare è provare queste strategie di motivazione (Vi > Vi_diss > Ki+) su qualcun'altro, quindi facciamo un cambio. Vieni Andrea e vai Mario.

Probabilmente la strategia motivazionale di Andrea non sarà identica a quella di Mario.

Andrea, prendi un aspetto della tua vita che vorresti fosse più motivante, pensa, cioè, a qualcosa che non sei molto motivato a fare mentre vorresti esserlo. Ad esempio...svegliarti la mattina?

Andrea. *Perfetto.*

Giacomo: Benissimo, adesso io farò un procedimento che si chiama "*installazione*" di strategie. Semplicemente ti guido a seguire la nuova strategia che abbiamo estratto da Mario. E allora immagina di essere lì, mezzo addormentato e di ascoltare il suono fastidioso della sveglia. A quel punto diventi consapevole che è ora di alzarti e che succede? Vedi un'immagine di te stesso (Vi) mentre ti impegni nelle varie attività di quella giornata. Quindi, in dissociato (Vi_diss), vedi Andrea fare tutto ciò che deve ed essere contento e soddisfatto di farlo. Le cose vanno bene e, automaticamente, hai la netta sensazione (Ki+) che stia andando tutto bene, che andrà tutto bene, quindi sei molto motivato e non vedi l'ora di fare ciò che devi.

Bene, ora ripercorri questo percorso da capo. Immagina di essere a letto, stai per svegliarti, apri gli occhi, pian piano diventi consapevole e ti vedi immediatamente fare ciò che devi e che non vedi l'ora di fare. Hai immediatamente una sensazione di piacere, sei molto motivato, non vedi l'ora di alzarti e di fare ciò che devi. Bene, ripeti tutto di nuovo domattina al momento di svegliarti, poi ancora ed ancora nello spazio di pochi secondi. Lascia che il cervello lo faccia per tutti i giorni della tua vita. Si tratta di un'installazione molto potente.

Andrea. *Ora sarò talmente sveglio che non dormo più!*

Giacomo: Tranquillo, la sera vai a dormire presto perché ne hai bisogno per alzarti presto la mattina. La mattina, improvvisamente e casualmente, avrai voglia di svegliarti, di alzarti, sarai motivato a farlo, senza più doverti motivare con la frase: "E' troppo tardi", che certo non ti aiuta a predisporti ad una giornata positiva. Rifai il procedimento da solo. E' la mattina di un corso, devi alzarti ed andare. Ad esempio, stamattina come ti sei svegliato? Motivato?

Andrea. *Stanco ma motivato.*

Giacomo: Vedi? Anche lui, volendo, dentro di sé ha già le strategie per alzarsi in maniera motivante, perché la mattina dei corsi sono sicuro che si sveglia e non vede l'ora di alzarsi. Bisogna solo motivarsi e far sì che sia così tutti i giorni. Quando non ha il corso avrà un'altra cosa che gli andrà di fare, avrà quella sensazione e si vedrà in quella situazione positiva e motivante e si alzerà subito. Grazie Andrea.

****

L'installazione, come hai letto, è una sorta di percorso guidato. Alla persona cui tentiamo di installare una strategia offriamo una sorta di "ponte sul futuro", come dice Bandler. A chi, ad esempio, ha paura di sostenere un esame, io consiglio di vedersi già nella situazione in cui va tutto per il meglio e di ripetere questo esercizio cento volte sino a che il cervello non si abitua a pensarla automaticamente così. Quando poi realmente sosterrà l'esame, in questo modo avrà esorcizzato la paura ed andrà tranquillissimo perché il cervello è programmato per superare quella prova.

Anche questa non è un'invenzione di Bandler o della PNL, semplicemente si è ragionato al contrario dopo aver modellato persone non in grado di gestire l'ansia. Le persone ansiose in che modo creano la propria ansia? Bandler ha estratto la loro *strategia*. Ha chiesto loro come facessero a temere tanto una prova come un esame. La risposta è stata che si immaginavano fare l'esame ed andare male, fare scena muta mentre una vocina, dentro di loro diceva: "Non sono capace a nulla". Si tratta di strategie del tutto inefficaci nel raggiungere il risultato di fare un buon esame, ma efficacissime per crearsi uno stato d'ansia.

A quel punto Bandler si chiese se si potesse ottenere il risultato contrario invertendo la strategia dei soggetti ansiosi. Andava bene utilizzare la componente uditiva, ma non per dirsi di non essere capaci a nulla, al contrario per dirsi: "Sono davvero bravo. Le persone mi stimano e mi apprezzano". A quel punto, il soggetto avverte una sensazione diversa dall'ansia. Cambiando i fattori, ovviamente, cambia il risultato.

Se, nel preparare una torta al cioccolato, cambi gli ingredienti, non otterrai più la torta al cioccolato, ma un altro tipo di torta. Nello stesso modo se io invece di comporre il numero della persona che voglio chiamare al telefono ne compongo un altro, è chiaro che mi risponderà un'altra persona. Così se modifico la mia strategia di lettura eliminando la componente auditiva (Ai), sarò in grado di leggere più velocemente? Certo. Leggerò dieci, cento volte più velocemente. Come ti comporti se devi fare una cosa che ami e non vedi l'ora di fare? Invece di immaginarti annoiato o in ritardo, ti vedi nell'atto di fare ciò che devi e raggiungere il risultato che vorresti.

Questa strategia è anche alla base della tecnica di Bandler per la cura delle fobie. Prendiamo ad esempio la fobia dei ragni. Un aracnofobico nel vedere (Ve) un ragno anche molto piccolo, subito se lo immagina (Vi) immenso, peloso, colorato e pensa (Ai): "Oddio, che paura" e da lì ad una sensazione di terrore (K-).

Cosa fare per guarire? Basta modificare la strategia e cambiare le submodalità, e ad esempio vedere il ragno come un'immagine piccola, spenta e lontana da me, dirmi dentro "Ora ti schiaccio" con una voce dura e sicura ed il problema sarà risolto.

Se sei interessato a queste applicazioni ti consiglio "Magia in azione", di Bandler, edito da Astrolabio. In questo testo trovi una serie infinita di esempi, di casi concreti da cui ispirarti. Si tratta di trascrizioni di sedute terapeutiche durante le quali Bandler cura fobie attraverso l'applicazione di tecniche e strategie molto semplici. Sappi che Bandler, già nei primi anni di lavoro, ottenne risultati eccellenti nella terapia e, per questo motivo, attirò l'odio di tutte le categorie di curanti che fino ad allora si erano occupati del settore. Per smontare la sua fama, i medici gli chiesero di provare le sue affermazioni e gli sottoposero i peggiori casi di fobie esistenti, persone in cura da anni e gli chiesero di farsi riprendere in diretta dalle telecamere durante il suo lavoro. Bandler, che era sicuro delle sue capacità, accettò senza problemi e risolse tutti i casi brillantemente. Il tutto divenne una trasmissione di grande successo. Per di più, dopo alcuni mesi, i medici operavano una verifica della guarigione direttamente con i pazienti. Diede in tutti i casi risultati positivi ed i medici furono costretti ad ammettere il successo di queste tecniche. Nel libro trovi la trascrizione sia delle sedute che delle verifiche.

Quegli stessi medici che denigravano Bandler, si impegnarono poi ad apprendere le sue strategie per poterle applicare nel loro lavoro. E' proprio in questo che sta l'intelligenza di una persona, modellare le capacità altrui per aggiungerle al proprio bagaglio culturale. Tutti i medici che io formo, sono persone che hanno deciso di allargare il proprio punto di vista. Io non sono medico, non faccio terapia però posso insegnare cose nuove che possono essere loro utili nel proprio lavoro. Ecco dove sta il vantaggio che posso offrirgli, anche se non ho la loro stessa esperienza.

SEGRETO n. 50: la conoscenza delle strategie ti consente migliaia di applicazioni per la tua crescita personale e professionale.

Quindi le strategie sono una cosa molto importante sia per la vendita che per la terapia che per qualsiasi cosa, per te stesso e per gli altri. Io come faccio a sapere di essere un buon trainer?

Avrò una mia strategia mentale che me lo dice. Come ho fatto ad imparare l'inglese? Ho usato una strategia. Finché non lo provi su te stesso non sarà chiarissimo. Per questo ti invito a fare l'esercizio di estrazione delle strategie con un amico. Segui fedelmente i passi che ti ho spiegato prima.

Prima di ogni cosa devi mettere nel giusto stato la persona da modellare, ovvero in stato associato con la situazione che lo appassiona e in cui eccelle. Se non è nello stato di totale motivazione, non riuscirà a comunicarti la sua strategia. E' come se chiedessi a mia zia di dirmi la ricetta della torta al cioccolato mentre sta guidando la macchina, non potrebbe farlo bene. Sarà molto più precisa, molto più dettagliata, se me la spiega mentre la fa. Modellando ottieni il risultato di acquisire in poche ore o addirittura minuti, la capacità che la persona modellata ha acquisito, magari, in anni ed anni di esperienza.

Questo è il potere del modellamento. E' vero che si può imparare dagli errori altrui ed ancor più dai propri, ma è ancor meglio imparare senza incorrere in errori, da esperienze positive già consolidate e perfezionate. Se sono un bravo modellatore avrò un enorme successo nella vita. Ad esempio, io sono uno degli ultimi arrivati nel mondo della formazione in Italia, eppure sono ai livelli massimi, perché? Perché ho assunto le strategie vincenti di tutti i migliori trainer mondiali. Mi sono formato con i più grandi, con i geni, sono andato direttamente alla fonte e in pochi anni ho letto più di 1.000 libri. Ciò che voglio dire è che, imparando dalle esperienze altrui, leggendo o osservando, puoi risparmiare moltissimo tempo. Molte persone pensano che leggere un libro sia una perdita di tempo, al contrario in un libro è racchiusa tutta l'esperienza di vita e di studio di una persona, quindi può rappresentare un grandissimo supporto.

SEGRETO n. 51: il modellamento delle strategie ti permette di imparare velocemente capacità acquisite da altri in anni di esperienze.

Quando fai l'estrazione di una strategia, dopo aver messo la persona in stato associato, fai in modo che rallenti il processo. Deve immaginare di vedere al rallentatore l'esperienza che ti sta trasmettendo. Cosa succede? Cosa ti stai dicendo? Cosa vedi? Cosa senti? Deve essere in grado di poterti specificare tutte e tre le componenti, visiva, auditiva e cinestesica. Ricorda che, in qualche modo, la strategia finirà per K, quindi estraila.

A questo punto occorre *riprogettare*, cosa vuol dire? Che puoi semplificare strategie troppo complesse eliminando qualche passaggio inutile per arrivare più velocemente al K finale. Se il modello mi avesse detto che la strategia per motivarsi consisteva nel vedersi fare una certa cosa, poi dirsi che, sì, era davvero bravo a farla, poi rivedersi portare a termine la cosa, poi dirsi, di nuovo, che, sì, era davvero capace...vedi che così si va avanti per un'ora senza arrivare a nulla. Per arrivare al K erano sufficienti la componente visiva interna ed auditiva interna. Il procedimento si può accorciare parecchio.

Installare è creare un ponte sul futuro, ti porta ad immaginarti in una situazione positiva tante e tante volte, fino a che questa suggestione non diverrà automatica per il cervello e ti porterà altrettanto automaticamente ad un K positivo. Questa non è una tecnica, è solo un modo intelligente per sfruttare un meccanismo innato del cervello che la PNL ha scoperto.

Per farti un esempio ti spiego la strategia di motivazione che uso nel momento in cui mi sento demotivato. Il mio intento quando l'ho progettata era legare la demotivazione alla motivazione. Ora se ad un certo punto mi sento demotivato (Ki-), subito scatta una voce (Ai) che dice "Dai che ce la fai!" e di conseguenza una sensazione positiva (Ki+) che mi motiva. Con questa strategia ogni volta che oggi ho una sensazione negativa, si trasforma in maniera automatica e inconscia in motivazione positiva.

L'installazione si basa sul fatto di ripeterlo tante volte a livello mentale, così da viverlo e farlo diventare automatico. In questo caso, la strategia motivante consisteva nel dirmi che ero perfettamente in grado di fare una certa cosa e questo era sufficiente per avvertire una sensazione positiva di motivazione. Lo farà il mio cervello ogni altra volta in cui mi dovesse capitare di sentirmi demotivato e so che mi basta per tornare a sentirmi motivato. Può essere utile per chi inizia un progetto, e che, inizialmente molto motivato, si abbatte poi al primo ostacolo, si deprime, si demotiva. In questo modo neutralizzi questa sensazioni perché non appena sei demotivato, riesci immediatamente a motivarti di nuovo.

Prima dicevo che ci sono persone che vivono un loop, che restano in stallo all'interno della loro stessa strategia. Qui, al contrario, consiglio di creare un loop, legando la demotivazione alla motivazione. Così se ti dovesse capitare di stare in Ki-, automaticamente parte la strategia motivazionale e torni in Ki+. Ovviamente fallo con la tua strategia motivazionale vincente, o se ti piace usa la mia.

Ti faccio un altro esempio. Un mio cliente aveva una sua strategia per prendere decisioni, che potrei così rappresentare: Ve > Ai > Vi > Ai > Ki+. Vedeva una cosa, quindi aveva un'immagine visiva esterna (Ve) come potrebbe essere quella di un menù dal quale scegliere un cibo. Dentro di sé cominciava poi a parlottare (Ai), a dialogare, a dire: "Voglio questo o quest'altro? Sì o no?". Poi si immaginava nell'atto di mangiare il cibo scelto (Vi). Di nuovo parlottava, e si diceva che, sì, la scelta di quel cibo era la più giusta (Ai), infine si rendeva conto di aver deciso (Ki+).

E' una strategia forse un po' lunga, che, quindi, può essere semplificata eliminando alcuni passaggi come, ad esempio, i due auditivi interni (Ai). Io, nella mia esperienza, ho imparato ad ascoltare l'inconscio, quindi dar direttamente credito alle mie sensazioni. Ho seguito questo spunto anche in questo caso, migliorando la strategia del mio cliente e prendendola, rivisitata e corretta, per me: Ve > Vi > Ki+. Quando sei di fronte ad una scelta, che sia un menù od altro, immaginati nell'aver già preso la tua decisione e vivi direttamente la sensazione. Se quella persona è la persona giusta, se quello è il cibo che ti va quella sera, lo senti. Non dare eccessivo ascolto alla tua mente che ti parla e ti confonde.

Nel corso sulle decisioni dico che sono proprio le piccole decisioni, come quella di scegliere un cibo piuttosto che un altro, che sommate una ad una, creano poi le grandi decisioni, i grandi cambiamenti nella vita. Quindi imparare a decidere velocemente è essenziale, e secondo me è sufficiente ascoltare il proprio K, le proprie sensazioni. Nelle decisioni, infatti, il K ha un fortissimo peso. Si acquista un vestito, un cibo, si sceglie un compagno in base a fattori emozionali. Tanto vale, quindi, che ascolti il K da subito, fai meno fatica, perdi meno tempo e decidi più rapidamente.

SEGRETO n. 52: una strategia per prendere decisioni veloci è essenziale per il tuo successo nella vita.

Questo è tanto più facile quanto più conosci te stesso, i tuoi valori, la tua direzione. Tanto più sei allineato e congruo con te stesso, tanto più prendere una decisione sarà una cosa velocissima, anche a livello di strategie. Se poi sei abituato ad ascoltare le sensazioni, è solo questione di pratica perché questa strategia si impara facilmente ed è molto veloce ed efficace.

Bandler ha lavorato tantissimo con le strategie, soprattutto quando faceva terapia negli anni '70 e seguiva chi faceva uso di droghe. Ci insegna che per aiutare un drogato a perdere la dipendenza è necessario aiutarlo a trovare le giuste strategie per crearsi autonomamente quelle sensazioni di sballo che ricerca nell'uso delle droghe. Forse non avrà ottenuto esattamente lo stesso effetto, ma certo il risultato di evitare a molte persone l'uso di droghe ed i loro terribili effetti collaterali. Niente più dipendenza, niente più autolesionismo ed un grande risparmio economico.

Faceva la stessa cosa con gli alcolisti, o anche con chi, pur non essendo dipendente dall'alcool, all'occorrenza, magari per superare uno stato di timidezza, beveva troppo e finiva per sentirsi male. Bandler intervistò una di queste persone e chiese: "Non appena hai finito di bere succede qualcosa, non è così? Qual è la prima sensazione che tu provi dopo aver bevuto?", la risposta era: "Sì avverto una sensazione, un brivido che dalla schiena arriva al collo". A questo punto Bandler aveva scoperto che egli avvertiva una sensazione corporea esterna, a livello della schiena e del collo, un Ke, ma non si fermava qui e continuava a scavare nell'esperienza: "E poi che cos'altro succede?" "Poi comincio a vedere tutto un po' distorto, visualizzo le immagini come molto colorate, in colori più vividi". Quindi c'era una componente visiva esterna (Ve), ed ancora: "Poi la sensazione di leggerezza (Ki) dal collo, arriva sulla testa e improvvisamente mi viene da ridere" (Ki+). Una volta estratta l'intera sua "strategia per stordirsi", gliel'ha insegnata perché potesse usarla a suo piacimento, senza aver più bisogno di crearsela tramite l'uso di alcool. Gli disse: "Ora immagina di essere nello stato in cui sei dopo aver bevuto, di sentire questo brivido che percorre la spina dorsale, sale su fino alla schiena e arriva al collo, immagina di vedere le immagini con colori più vivaci. A questo punto la sensazione di ebbrezza arriva alla testa, ti senti un po' intontito, e stai bene e sei contento...". Quindi cosa ha fatto? Ha ricreato l'intera strategia e gliel'ha reinstallata, gli ha insegnato ad usarla a piacimento.

Io penso fosse una cosa positiva ciò che faceva Bandler. Il suo intento era quello di aiutare le persone drogate od alcolizzate ad uscire dalle proprie dipendenze, eliminandone ogni svantaggio, quindi i terribili effetti collaterali, e mantenendone i vantaggi, quindi la sensazione di leggerezza e stordimento. Infatti, uno dei modi di lavorare della PNL consiste nel lasciare inalterato il vantaggio attuale che la persona trae dalla sua dipendenza, come per esempio per chi desidera smettere di fumare, mantenere la sensazione di relax che il fumo riesce a realizzare. Se tu vuoi far smettere una persona di fumare, gli insegni a rilassarsi in altri modi che non siano le sigarette, magari creando degli ancoraggi con gli stati di rilassamento o con la meditazione. Se invece lo forzi e gli togli le sigarette solo come comportamento, quanto dura? Poco: un giorno, una settimana, poco più. Prima o poi ricomincerà perché non si è lavorato sull'identità, sui vantaggi secondari e su altre componenti.

Con le strategie si possono fare molte cose. La possibilità di ricreare gli effetti di stordimento provocati dall'alcool e della droga è una cosa molto utile che potrebbe essere utilizzata anche nelle associazioni che aiutano a liberarsi dalle dipendenze, nei centri per alcolizzati e così via. Quindi lo scopo della PNL, in questo caso, consiste nel lasciare inalterati, nella persona, i vantaggi degli stupefacenti e dell'alcool senza doverli assumere.

Ho visto Bandler, in un video, lavorare con un tale di nome Andy, schizofrenico da 14 anni. Egli era stato visitato da più medici di chiunque altro, addirittura professori universitari, ed ormai era espertissimo, ne conosceva ogni strategia. Andy viene informato dell'arrivo di Bandler, che allora era proprio agli inizi, ed essendo molto furbo decide di raccogliere tutte le informazioni possibili su di lui, e legge tutti i suoi libri. Infatti, lui che è uno schizofrenico di lunga data, non vorrebbe essere visitato dal novellino che esce dall'università. Non appena Bandler arriva e si siede, Andy gli chiede: "Quindi tu sei il famoso Bandler?", evidentemente già tentando di metterlo in difficoltà. Bandler, ovviamente, non si scompone e replica: "Dai Andy, raccontami il tuo problema". Andy inizia con il dire: "Ma, sai, io vedo cose che non sono reali, degli omini verdi. Li vedo e so che non sono reali". Bandler osserva che nel parlare degli omini verdi gli occhi di Andy si muovono in una certa direzione. Poi, essendo bravo ad ascoltare, a capire le informazioni che mancano, chiede: "Come fai a sapere che questi omini verdi non sono reali? Come schizofrenico non dovresti essere in grado di fare questa distinzione, dovresti solo poterli avvertire come realmente esistenti". Andy, a quel punto, va nel panico, perché, per la prima volta, si sente in difficoltà di fronte ad un dottore e, un po' confusamente, risponde: "Come faccio a saperlo? Lo so e basta", e continua a guardare in una certa direzione. Bandler, lo nota e chiede: "Per caso per te le cose non reali sono qui?" ed indica esattamente il punto che Andy sta guardando, alla stessa distanza. Lui risponde: "Sì, effettivamente i personaggi non reali sono lì". Bandler conclude il suo ragionamento dicendo: "Bene, ora sappiamo che il tuo cervello in realtà è in grado di fare la distinzione fra ciò che è reale e ciò che non lo è. Quindi sappi che ciò che vedi in questa direzione ed a questa distanza, potrebbe non essere reale". Quindi Bandler, in realtà, non cura la schizofrenia, semplicemente prende la sua strategia per crearsi suggestioni tipiche degli schizofrenici e la utilizza. Lo rende consapevole di possedere questa strategia e gli dice: "Io, probabilmente, non sono in grado di guarirti, ma ogni volta che guardi in quella direzione e vedi omini verdi, verifica la loro reale esistenza chiedendo a qualcun altro". Gli installa una strategia per prendere consapevolezza del suo problema e riuscire a gestirlo.

Bandler accetta il fatto che lui abbia una sua realtà, solo gli insegna a gestirla anche per non spaventare con urla e gesti scomposti le persone che lo circondano. Perché, alla fine, secondo Bandler e la PNL, la realtà è soggettiva, ognuno ha una sua realtà però è possibile conviverci imparando a gestire la propria emotività. "A beautiful mind" è un film straordinario che parla della stessa cosa. Il protagonista è un grandissimo genio matematico, che però ha un problema: vede dei personaggi immaginari con i quali convive per tutta la durata del film. Scopre di essere schizofrenico ed impara a gestire il suo rapporto con queste figure immaginarie, ci parla, ci scherza oppure li ignora. Ad ogni modo non si spaventa più e non spaventa più la moglie, accetta il problema perché ormai è quella la sua realtà, il cervello gli trasmette quei messaggi.

E' la sua strategia, l'importante è sapersi gestire. Questo è il modo della PNL e di Bandler di fare terapia agli schizofrenici. E' sempre questione di strategie. Questi sono spunti che voglio offrirti per farti capire quanto le strategie possano essere importanti, quanto possano cambiare il modo che ognuno di noi ha di vedere le cose.

Un lavoro importante è stato svolto anche da Robert Dilts, più volte da me citato, che ha offerto un grande contributo in termini di strategie. Egli scrisse più di un libro sulle tecniche dei geni, in particolare studiò il grande Walt Disney, estraendo la sua strategia di creatività, basata su tre livelli:

1) Sognatore

2) Critico

3) Realista

Per far ciò lesse tutto quanto c'era scritto su Disney e raccolse le testimonianze di persone che lo conoscevano e lavoravano con lui. Tutti i collaboratori di Walt Disney, erano concordi nell'affermare che quando arrivava ad una riunione, non si sapeva mai se sarebbe arrivato il Walt Disney sognatore, il Walt Disney critico o il Walt Disney realista. Egli poteva entrare ogni volta in uno stato differente.

In particolare, ci racconta di come Disney arrivò ad immaginare il parco giochi più grande del mondo, ovvero Disneyland. Nell'ideare il progetto fece in modo di passare per ognuna delle tre fasi. Prima di tutto si mise nello stato del *sognatore*, seduto, con gli occhi rivolti al cielo, in atteggiamento molto aperto in modo tale da poter sognare. Immaginò un parco giochi meraviglioso con persone, bambini e tanto divertimento. Così facendo si lasciava andare come fosse un bambino.

Poi passo alla fase del *critico*, nella quale criticava le proprie idee, dicendo, fra sé e sé, che quella cosa non poteva andare, quell'altra era un po' dubbia e così via.

Infine c'era il *realista*, ovvero lo stato d'animo in cui cercava di rendere il suo progetto concreto, reale, attraverso delle azioni. In questa fase il sogno veniva trasformato in risultato concreto. Disney pensava: "Questo è il mio sogno e questi i problemi che potrei incontrare per realizzarlo, però potrei realizzarlo in questo modo, chiedere un finanziamento alla banca, farmi aiutare da

queste persone, prendere dei soci e raggiungere il mio obiettivo".
Era semplicemente la sua strategia.

Poteva anche succedere che una volta arrivato alla fase del realista tornasse a quella del critico per una seconda analisi più approfondita dei problemi, o al sognatore per trovare tante altre nuove idee da esaminare. Poi di nuovo al critico per disciplinarle ed al realista per realizzarle. Si trattava, quindi, di un ciclo fatto di continui miglioramenti. Ciò che è interessante nell'atteggiamento di Disney, è la sua capacità di vedere le cose da tre punti di vista diversi. Un critico che manca di sogni e realismo non è che un rompiscatole. Un sognatore che non pensa a come fattivamente realizzare i suoi progetti è una persona comunque poco concreta, molti sogni e poca pratica. Anche una persona che fosse molto sognatrice e critica non andrebbe bene, perché le mancherebbe la capacità di realizzare poi i suoi obiettivi, per quanto ben progettati. Come definiresti, infatti, una persona che non fa che sognare e criticarsi: "Vorrei fare questo...no, meglio di no!", è un depresso cronico, uno che si smonta in continuazione. Fa sogni bellissimi, poi si critica e dice: "No, non sono capace, non vado bene, non sono adatto, non me lo merito...", questo atteggiamento ti fa star male, non ti fa vivere serenamente. Chi è solo realista non ha sogni da realizzare, non ha progetti, idee, è un robot. Il segreto è vivere tutte e tre le fasi, anche tornando indietro più volte se serve.

La strategia che Robert Dilts ha preso da Walt Disney consiste proprio nel riuscire concretamente a vivere distintamente i tre stati, cioè dire: "Ho un progetto da realizzare, mi metto in stato di sognatore, ponendomi anche nella stessa fisiologia di chi sogna, con lo sguardo rivolto verso l'altro, seguendo le immagini che vedo", perché anche modellare la fisiologia del nostro genio è molto importante. Quindi comincio sognando: "Voglio diventare trainer, voglio la mia scuola di PNL e butti lì un sacco di idee", poi inizio a pensare: "Come posso fare concretamente?", e penso ad un piano d'azione, intanto dico: "Cos'è che potrebbe andare storto? Chi potrebbe avercela con me, chi potrebbe darmi problemi?" e mi critico. Poi vado avanti, arrivo allo stato del realista e penso: "Come posso risolvere concretamente il problema?".

Dilts consiglia di fare questo procedimento aiutandosi con tre sedie ed attribuendo ad ognuna uno stato diverso, così passando dalla sedia del sognatore a quella del critico a quella del realista e tornando indietro, se necessario. Ti faccio un esempio tratto da uno dei miei corsi in aula:

****

Giacomo: Chi vuole venire come volontario? Ok, lei si siede qui, nella sedia del sognatore. Parlami di un tuo obiettivo.

Antonella: *Un mio obiettivo... Beh, io faccio sempre riferimento a quello che sto facendo adesso, quindi è evidente che ho degli obiettivi che devo raggiungere in breve tempo. L'obiettivo è di potermi laureare in Scienze della formazione per essere più coerente con il mio lavoro.*

Giacomo: E' un sogno per te? Una cosa molto importante?

Antonella: *E' una cosa molto importante che sento molto vicina, ma devo fare qualcosa di più.*

Giacomo: Cosa ti darà?

Antonella: *Lo desidero dentro di me, perché so che avendo questa laurea avrò delle competenze maggiori e quindi, a mio avviso, maggiori capacità di coinvolgere le persone. Una cosa per me molto importante, che commentavo poco fa con un mio collega, è che siamo tutti esseri perfettibili perché educabili. Quindi, in questo caso, più mi metto in gioco e più do agli altri.*

Giacomo: Bene, cambia sedia, spacchiamo questa idea, ora sei critica.

Antonella: *Critica? E' che mi sono spesso ripetuta che, forse, a 42 anni era un po' cretino iscriversi all'università per poter fare questa cosa, era quasi un progetto impossibile. Chi mi dà la forza? Chi mi dà la voglia di andare avanti? E' assurdo pensare che lei ce la possa fare...*(indicando la sedia del sognatore)

Giacomo: Chi? Lei che era seduta sulla sedia del sognatore? Noti come ti dissoci? Bene, hai trovato quello che potrebbe non andare, però è il tuo sogno, è il tuo progetto, il tuo obiettivo più immediato e quindi vai sulla sedia del realista.

Antonella: *In effetti sono entusiasta di aver scelto il suggerimento del sognatore che è in me, ed anche se ho 42 anni, non importa se finirò tra due o tre anni, l'importante è che io sappia che si tratta della cosa giusta che in questo momento posso fare e quindi ce la faccio.*

Giacomo: Ce la fai! Va bene, un applauso!

****

Hai visto come è semplice come processo? Lei aveva già un obiettivo chiaro, già definito e già deciso, tuttavia questo strumento, questa strategia può essere utilizzata, con ancor maggiore efficacia, per tutti quegli obiettivi di cui ancora non siamo sicuri, per quelle attività che vorremmo intraprendere ma sulla cui realizzazione abbiamo ancora alcuni dubbi.

La nostra amica ha molte idee, molti obiettivi, sogna, però è anche giusto mettersi, ogni tanto i "bastoni fra le ruote" per evitare un possibile fallimento. Spesso, infatti, ci poniamo degli obiettivi per noi eccessivamente ambiziosi e se non li discipliniamo con la ragione, rischiamo di frustrarci. Se perseguiamo un sogno irraggiungibile per tanti anni, alla fine penseremo di aver sprecato la nostra vita. L'atteggiamento critico ha la sua importanza. Se viene da me una persona che si ritiene eccessivamente autocritica, io gli spiego che c'è comunque un'intenzione positiva dietro il suo atteggiamento: la volontà di difendersi da possibili delusioni. L'atteggiamento critico è importante, ma va sposato con i sogni ed il realismo per arrivare ad una giusta compensazione fra i vari punti di vista.

La nostra amica ha aggiunto alla fine: "Grazie al sognatore che mi ha fornito l'idea, l'obiettivo e la forza. Al critico, perché, anche se ho una certa età e per questo non sono sicurissima di poter raggiungere il mio obiettivo, ho comunque deciso di provarci e penso che ce la farò".
Hai avvertito la motivazione, la passione e l'entusiasmo che ci ha messo? E' anche importante mettersi senza condizionamenti nello stato del sognatore. Quando sogni, fallo in libertà, non farti limitare da nulla. La fase del critico, sarà successiva. Molte

persone, invece, già durante il sogno iniziano a farsi domande e a chiedersi se mai ce la faranno. Non farlo, rischi di autosabotarti. Quindi, quando sei nella fase del "sognatore", sogna e sentiti completamente libero, quando sei nella fase del "critico", critica e basta, quando arrivi alla fase del "realista", è il momento di progettare un piano d'azione concreto per arrivare all'obiettivo, tenendo conto degli insegnamenti del critico e delle idee del sognatore. Le critiche sono costruttive, tanto più se poi ce le facciamo a fin di bene e comunque per realizzare il progetto.

SEGRETO n. 53: un'ottima strategia di creatività è quella di Walt Disney: sognatore, critico, realista.

Questa sulla creatività è una delle tante strategie modellate dalla PNL, in questo caso su un genio come Walt Disney, e come altro potrebbe essere definito se non così? Nello stesso modo sono stati studiati da Robert Dilts anche Einstein, Edison e molti altri personaggi. Tu stesso puoi imitarlo e fare il suo stesso lavoro modellando tutte le persone che reputi abbiano qualcosa di magico o di particolare che possa essere utile a te o ad altri.

Qualcuno mi ha chiesto: "In che modo, esattamente, le strategie riguardano il modellamento?", la risposta è che le strategie sono parte integrante del modellamento. Infatti, quando modello, come abbiamo visto all'inizio, lo faccio a diversi livelli, a livello conscio facendo delle domande, a livello inconscio osservando il mio genio. Questi, in qualche modo, mi trasmetterà le sue convinzioni, la sua identità, il suo modo di fare, la sua missione, i suoi comportamenti e le capacità. Avrò la possibilità di osservare o, meglio ancora, frequentare l'ambiente in cui vive e, in qualche modo, apprenderò questi livelli.

Nel modellare in tutto e per tutto Robbins, mi chiederò anche quale sia la sua strategia di motivazione. Le strategie, in realtà, sono capacità che un dato soggetto ha. Io posso voler acquisire la capacità di decidere in maniera veloce, quindi modello i grandi leader in grado di decidere velocemente. Se voglio diventare ricco è sufficiente seguire il corso di ricchezza per trarre moltissimi spunti dal modellamento fatto dalla PNL su persone ricche per estrarre le loro strategie ed arrivare al medesimo risultato. In PNL, l'idea è che possiamo arrivare dappertutto. Come ho già detto, se voglio diventare bravo a guidare, posso modellare Schumacher. Magari non diverrò bravo esattamente come lui che è il numero uno al mondo, però posso ugualmente mirare all'eccellenza imitandolo. Si mira al massimo per raggiungere comunque il massimo che è nelle mie capacità. Ognuno di noi può acquisire qualsiasi abilità, a patto, però, di conoscere le strategie esatte.

RIEPILOGO DEL GIORNO 7

- SEGRETO n. 45: la strategia di motivazione è la sequenza di immagini (V), suoni (A) o sensazioni (K) che si susseguono a livello mentale quando ci si motiva.

- SEGRETO n. 46: le strategie sono fatte di componenti V,A,K e possono essere modificate, migliorate e rese più efficienti.

- SEGRETO n. 47: le persone decidono sempre con le emozioni quindi nel ricalco bisogna guidare verso il cinestesico (K).

- SEGRETO n. 48: il ricalco delle strategie è una forma molto avanzata e molto potente per entrare in sintonia con le persone.

- SEGRETO n. 49: modella un genio ed estrai le sue strategie per ottenere risultati e poi applicale a te stesso.

- SEGRETO n. 50: la conoscenza delle strategie ti consente migliaia di applicazioni per la tua crescita personale e professionale.

- SEGRETO n. 51: il modellamento delle strategie ti permette di imparare velocemente capacità acquisite da altri in anni di esperienze.

- SEGRETO n. 52: una strategia per prendere decisioni veloci è essenziale per il tuo successo nella vita.

- SEGRETO n. 53: un'ottima strategia di creatività è quella di Walt Disney: sognatore, critico, realista.

Conclusione

Abbiamo visto che puoi estrarre strategie modellando qualcuno sia in maniera conscia che inconscia. Il modeling conscio, il modeling inconscio e le strategie sono pilastri del modellamento e coincidono con il nucleo stesso della PNL. Le tecniche di comunicazione efficace, motivazione e autostima non sono che semplici risultati di questo processo.

Io posso chiedere al mio genio: "Come fai a fare tanto bene questa cosa? Spiegamelo", e lo posso fare anche senza fargli capire che lo sto modellando. Ultimamente ho avuto degli operai in casa, e, uno di loro, non è particolarmente bravo nel suo lavoro ma ha una finissima capacità di comprensione nei confronti delle altre persone. Se esistesse un manuale sull'ascolto attivo, sulla comprensione e sul ricalco lui ne potrebbe sicuramente essere l'autore. Quando gli fai notare che ha sbagliato qualcosa, non si mette sulla difensiva tentando di giustificarsi, al contrario amplifica il suo errore dicendoti che davvero è un orrore il risultato del suo lavoro, ed esasperando la critica anche al di là di quanto fosse nelle mie intenzioni dire. A quel punto io che posso dire? Mi ha completamente smontato, mi ha smorzato, rimette a posto le imperfezioni e la cosa finisce lì. Mi sono detto: "Questo sì che è un soggetto da modellare", perché mi sono accorto che lo fa sempre, in ogni occasione, e sono ormai diverse, in cui gli si fa notare un errore da lui commesso. Quindi è riuscito a risolvere il suo problema, anche se sarebbe meglio che si perfezionasse nel suo lavoro.

Intanto, però, sa come dare comprensione, quindi anche da lui posso imparare una cosa che a me è utile. Offrire comprensione in maniera tanto disarmante è in grado di smorzare chiunque. Può essere una buona capacità da insegnare, ad esempio, a chi lavora nei call center ed ha quasi sempre a che fare con clienti infuriati per i motivi più vari. Arrivano telefonate di tutti i tipi e le persone che sono al telefono devono in qualche modo portar pace.

Io ricordo di aver lavorato, tempo fa, con una signora alla quale era capitato che le avessero smarrito il bagaglio in aeroporto. Era infuriata perché veniva dall'Australia, era già molto stanca del viaggio e non era in grado di gestire con calma questa grossa scocciatura. Si reca al servizio clienti arrabbiata nera e dice: "Voi mi avete perso la valigia, ora me la dovete ritrovare", la ragazza che era lì, forse preparata, formata o dotata di suo ha replicato: "Oh, mio Dio, è una tragedia, una valigia persa, deve essere tremendo. Lei viene addirittura dall'Australia, che cosa terribile. Adesso dovremo trovare questa valigia assolutamente perché altrimenti lei come fa? Come fa?!", quindi l'ha ricalcata in pieno, le ha dato la massima comprensione. Non so se l'ha fatto per strategia o per sincero interesse, di fatto la signora mi ha detto che si è smorzata completamente ed ha risposto: "Grazie, mi aiuti, lei è molto comprensiva...", è fantastico.

Con le giuste strategie si può veramente risolvere qualsiasi situazione spinosa e si può migliorare di molto la qualità della vita. Questa è la sintesi di tutto ciò che ti ho spiegato in questa guida. Ciò che ti chiedo è semplicemente di mettere in pratica queste strategie, di diventare sempre più consapevole delle tue capacità nel motivarti, decidere, darti spunti ed idee. Walt Disney ce ne ha offerta una, ma ce ne sono altre mille da scoprire. Controlla, studia e guarda con nuovo atteggiamento mentale tutte le persone che hai di fronte per imparare il più possibile da esse.

Questo è l'atteggiamento mentale consigliato dalla PNL. Ricorda che se hai un'idea e la scambi con quella di un'altra persona, tutti e due avrete due idee. Quindi vai in giro, diffondi le tue idee e prendine di nuove.

Buon lavoro!

Giacomo Bruno

Azione

1. **Applica la PNL ogni giorno della tua vita**

2. **Migliora le tue relazioni e la tua comunicazione**

3. **Impara a motivarti e motivare gli altri**

4. **Migliora la tua autostima e il tuo atteggiamento**

5. **Impara a modellare gli altri**

6. **Sfrutta la tua mente inconscia per acquisire abilità**

7. **Estrai nuove strategie per ottenere risultati**